滅びない商店街のつくりかた

リノベーションまちづくり・エリアマネジメント・SDGs

梯 輝元 著

学芸出版社

はじめに

商店街の衰退が叫ばれて久しい。郊外型スーパーとの競争による売上減少、空き店舗の増加による商店街のシャッター通り化、商店街組合に所属しないフリーライダーの増加など、課題は山積している。

北九州市出身の新進気鋭の社会学者、新雅史氏が著書『商店街はなぜ滅びるのか』で看破したように、（組織としての）商店街は伝統的存在ではなく、第1次世界大戦後の世界同時不況下における、地方離農者の都市への流入と、何ら技能を持たず小資本でも始められる小売業者の増加、それらによる都市部の不安定化を防止するために、日本近代化の産物として人工的に発明されたものだった。同氏が述べるように、昭和40年代を中心とする高度成長時代の総中流社会は、サラリーマンの「雇用の安定」と都市部の「自営業者の安定」による「両翼の安定」によりもたらされたものだった。

しかし、それまで競合する存在のなかった商店街は、広大な駐車場を持つチェーンストアという、そもそも商店街には存在しない近代的な理論で武装された郊外型スーパーの進出、電気店・家具店などのカテゴリーキラーの量販店の出現によって駆逐されていく。同じ品物を同じ問屋から仕入れても、スケールメリットで仕入れ価格に差がある上に、メーカーは量販店向けの品番を作っていて、それは商店街の店の仕入れ価格よりも売価が安いのだ。私の父も品番のある商品を売っていては商店街では商売にならないとよく言っていた。

同氏が言うようにコンビニという業態の発明によって商店街が衰退したのではない。さらに近年のネット販売の増加は、人通りのある所に店舗を構え、問屋から仕入れた商品を店頭に並べて、接客して販売するという商店街のビジネスモデルを根底から覆した。それまで商店の有していたマーチャンダイジング、専門性、品ぞろえ、商品知識、接客のどれをとってもネット販売に勝るものはない。それ故、商店街の有していた小売商業の集合体としての機能は、まったく時代遅れのものとなり、その意義を喪失し、商店街を文字通りシャッター通り化させていった。そして、商店街の社会的機能を地域コミュニティの担い手としてだけにおしとどめることになった。商店街が有するその商店街特有の社会的機能とは何かを常に考えていかなくては、商店街の再生はあり得ない。

そのようななか、魚町商店街は、日本初の「リノベーションまちづくり」、「エリアマネジメント事業」、「SDGs商店街宣言」などで、社会的課題を解決しつつ、商店街のにぎわいづくり・活性化、地域コミュニティの再生を図ってきた。魚町商店街が行ってきた持続可能なまちづくり、滅びない商店街のつくりかたを本書であきらかにしていきたいと思う。

第3章　商店街とまちづくり会社が担うエリアマネジメント

第1章

リノベーションまちづくり、エリアマネジメント、SDGsが商店街を変える

1

衰退・空洞化していた魚町商店街

北九州市小倉の魚町商店街は、小倉中心部を流れる2級河川・紫川の東岸にある。江戸時代には魚河岸があり、魚屋が数多く存在したことから、魚町と名付けられたという。小笠原15万石の城下町として、古くから市場・商店街として存在していた。魚町商店街は、九州初の政令指定都市を代表する中心市街地にあり、JR小倉駅から南北に延びる約400m、店舗数約160からなる北九州市を代表する商店街である。近隣に井筒屋百貨店やアミュプラザ、リバーウォーク北九州、セントシティなど量販店を含む大型店があり、有名専門店や高級専門店を中心に構成され、遠距離から来街する、いわゆる超広域型商店街である。また、魚町商店街の南には150店舗を超える魚屋・八百屋、肉屋などの集合体で「北九州の台所」とよばれる旦過市場が存在する。

北九州市小倉は、古来より長崎街道、中津街道、秋月街道、唐津街道、門司往還の五街道の起点であり、交通の要所であった。有史以来大きな地震がなかったことから、明治42（1900）年八幡製鐵所が開業し、以来商都として栄えはじめ、近江商人・中津商人など、西日本各地から農家の二男、三男その他食い詰め者が集まってきた。各地から集まった若者の集合体であったため、小倉商人は、川筋気質ともいわれる先進性にあふれ、ルールに縛られない特性があった。その隆盛のきっかけとなったのは、昭和8（1933）年の陸軍造兵廠小倉工場の建設であった。当時の人口に匹敵するほどの工員があつまり、魚町商店街も一気に隆盛を迎えることとなった。東京からの移住者が過半を占めるようになったので、小倉弁はその乱暴さは別として標準語に近く、小倉のまち自体が東京志向の強いまちになっている。北九州市小倉は、第2次世界大戦中にＢ29の空襲に遭っていない。それは、小倉が原爆投下の目標地であり、その威力を確かめるためにわざと米軍が空襲しなかったためと言われている。昭和20（1945）年、目標地であった小倉が曇り空であったため、Ｂ29は原爆の投下地を長崎に変えたといわれている。

戦災に遭わなかったため、魚町商店街は元の町割を残し、強制疎開解除後すぐに商店主は店に帰ることができたため、戦後まもなく復興できた。他の地方都市の商店街はほとんど戦災にあっていたため、当時魚町商店街は、西日本一の商店街ともいわれていたそうだ。

昭和26（1951）年、魚町商店街は、日本で初めて公道上にアーケードを建設する。当時は、まだ舗装がされておらず、土の道で馬車が走っていた。魚町商店街最大の売出し「大誓文払い」の際、雨が降ると道がぬかるんでお客様が来なくなり、近隣の井筒屋百貨店にお客様が流れてしまう。それを阻止しようとして私たちの祖父の世代の人が、アーケードを建設する

アーケードを建設中の魚町商店街（撮影者不明）

ことを思いつく。建設許可も得ないで建設しはじめ、アーケードの骨組みが出来てから、魚町商店街の大鬼・松永さんが当時の建設省に乗り込んで、許可をくれるまで局長室から退去しない、許可をくれないと魚町の商店主は全員アーケードの骨組みで首を吊ると言って居座った。社会実験的にということで強引に建設許可をもらったと言い伝えられている。ただし、本当に建設許可をもらったかどうかは定かではない。地元に帰った両氏が勝手に言い張った恐れもある。それ故、アーケード建設にかかる法令ができたのは、昭和30（１９５５）年の建設省告示まで待たねばならなかった。当時は、補助金などない時代だったので、当時の金額で５０００万円とも６０００万円ともいわれる建設資金（今の金額に直すと30倍ではきかないだろう）を商店主がすべて拠出した。お隣の国、韓国ではアーケードはすべて国費で建設されていると聞いている。魚町商店街アーケードが民間資金のみで建設されたということは、その先例となり、その後に建設されたアーケードも、一部補助金が入っているとはいえ民間力で建設されている。そのことが果たして日本の商店街アーケードにとって良かったかどうかは定かではない。

アーケード完成後、魚町商店街はアーケードの愛称を全国に募集する。PR効果は抜群であり、当時の魚町商店街には知恵者がいたものだと感心する。全国から4000通を超える応募があり、初代アーケードはジュラルミンでできていたため、当時21歳の小野千太郎氏により「銀色に輝く屋根」という意味の「魚町銀天街」と名付けられた。この時の賞金は5000円。今のお金にすると15万円くらいか。これが全国にある銀天街という名の商店街の発祥となった。平成22（2010）年には、それを記念して協同組合日専連北九州の寄付により、魚町エコルーフ（ジョイントアーケード）ふもとに「アーケード発祥の地」石碑が設けられた。

昭和34（1959）年JR小倉駅が西小倉から現在地に移転すると、魚町商店街は文字通り駅前商店街となり、隆盛を極める。同年には、魚町商店街の有志がお金を出して、幕末に長州藩高杉晋作の奇兵隊に攻められて自焼した小倉城を再建した。もともとはなかった破風を、「それがないとお城らしくない」として、歴史的文化的価値を顧みない小倉商人がむりやり付け足したとされている。当時の歩行者通行量は、約3万9000人。約5・5mと昔ながらの町割の魚町商店街では、肩と肩が触れ合うほどの混雑ぶりで、魚町一丁目と魚町二丁目の間にある国道199号線（勝山通り）にある横断歩道を1回の青信号では渡れないほどであった。平成5（1993）年地方ではまだバブルの勢いのあった頃、JR小倉駅前にそごうデパートが完成する。

その頃までが、魚町商店街の繁栄の時期で、その後毎年10％前後づつ歩行者通行量を減らし続ける。リーマンショック後の平成22（2009）年には、最盛期の3分の1以下の1万1006人まで歩行者通行量を減らした。JR小倉駅から離れるに従って歩行者通行量は減少するのだが、その時には、魚町商店街の一番南側の魚町三丁目地区は、私の所有する魚町三番街中屋ビルも含めて、空き店舗率が3割程度にもなっていたのだ。

こぼれ話　「商店主は過去の栄光・成功体験から抜け出せない」のか？

令和元（2019）年8月の北九州市八幡西区黒崎のリノベーションまちづくり構想検討会に参加した際に、八幡西区にある某大学の先生から黒崎地区の商店街の再生がうまくいかないのは、商店街の過去の栄光・成功体験から抜け出せないからではないのかという旨の発言があった。その種の発言は、商店街に関する講演会・セミナーで、学者先生や行政の側からよく聞くことがある。何というか、ステレオタイプでお決まりの先入観、思い込み、固定観念のある発言で、時代錯誤も甚だしいと感じた次第だ。商店街の最盛期は、昭和40年代（おおよそ1970年代）で、それからすでに50年は経過しており、バブル崩壊の時期である平成2（1990）年からも30年は経過している。過去の栄光・成功体験をもっているのは、昭和一桁クラス、私たちの父の世代の人たちであって、私が会社の代表に就任した時からはずっと右肩下がりの時代で、ほとんど話でしか商店街の栄光・成功体験を知らない。したがって、過去の栄光・成功体験に縛られて身動きできないというよりもずっと右肩下がりだったためにマイナス思考に凝り固まってしまい、何もやる気にならない、新しいことを始める気にならないというのが正直なところだ。

朝10時にシャッターを空けて、売台、陳列台を出してはたきをかける、お客様が来れば接客して18時には売台、陳列台をしまってシャッターを閉めて、パチンコ、麻雀屋に行くか焼き鳥屋に行って、夜になると寝る。日曜日は疲れたといってテレビを見ながら一日中寝ている。時には、釣りに行ったり、ゴルフに行ったりする。ほとんどの商店街の人間は、1年中、同じことをしているのが好きなのだ。お客様というのは、黙って値切らず商品を買って、ニコニコ現金払いが本当のあるべき姿と思っている。例えば、ある帽子屋では息子がちょっとでも陳列を変えようとすると母親が泣いて止める、黒い日傘が流行しても日傘は白でなければと言って黒い日傘は売らない。もともと私を含め、勉強ができて優秀なら、もうからない商店街で商売をしないで、サラリーマンか公務員になっているはずで、親も跡を継がせないはずだ。新陳代謝して総とっかえする他ないかもしれないと思っている。

2

魚町商店街を変えた三つの手法

魚町三番街の中屋ビルもまったくの空きビルになってしまい、テナントも見つからない。私は魚町三丁目の生まれで、祖父の代から魚町商店街内で金物屋・電気屋を営んできたが、景気が悪くなり店は閉じられ、子どもの頃からの友達が泣きながら魚町を去っていき、商売しかやったことのない人間がサラリーマンになっていく。このようなことがなくなるように魚町商店街を活性化していきたいと考えた。

そんななか商店街活性化の方法として出会い、取り組んで成果を挙げてきたのが「リノベーションまちづくり」「エリアマネジメント」「SDGs」だ。詳細は以後の各章で述べるが、ここではその概要を紹介したい。

リノベーションまちづくり

「リノベーションまちづくり」とはアフタヌーン・ソサエティの清水義次氏が提唱する概念で、空き家・空室が多く家賃の下がった衰退市街地の不動産をリノベーションの手法により最

リノベーションまちづくりの段階

準備段階

- 都市経営課題の検討 → エリアの決定、都市政策の決定
- 遊休不動産調査 → 家賃断層線の発見、ポテンシャルマップの作成
- リノベーションセミナーの実施
  → パブリックマインドを持つ不動産オーナーの発掘
- 尖ったイベントの実施 → 事業実施物件の発掘
- リノベーションスクールの実施
- 家守会社の設立、コミュニティカフェ、シェアオフィス、新業態飲食店、ゲストハウスの開設
- 新規起業者の増加、都市型産業の集積、歩行者通行量アップ
- 公園、広場、道路、河川、廃校などの公共空間のリノベーション
- 地価上昇、外部資本の参入、再開発、新ビル建設

小限の投資で蘇らせ、意欲ある事業者を集めてまちを再生する「現代版家守」（公民連携による自立型まちづくり会社）による取組である。私の場合ほかに方法もなく始めたのだが、この手法はリスクが管理されており、投資回収の可能性も十分見込めたので抵抗なく取り組むことができた。リノベーションまちづくりの段階を整理すると上の表のようになる。

魚町商店街においては、リノベーションスクールまでのフェーズを着実にこなして、リノベーションスクールを開催し、リノベーションまちづくりのステージが着実にアップしてきた。

エリアマネジメント

リノベーションまちづくりにおいて20件を超えるリノベーションを実施し、400人超の新規起業者、雇用者を生み出し、魚町銀天街の歩行者通行量

を30%近くアップさせた。魚町商店街において、リノベーションできる物件がなくなり、次の目標として、エリアマネジメント事業を始めた。エリアマネジメント事業とは、年々予算が厳しくなって管理、更新ができにくくなっている公共施設、公共空間すなわち北九州市の管理する道路、公園、河川などをリノベーションすることで、更なる新規起業者、雇用者を生み出し、北九州市のにぎわいづくり、活性化に貢献する事業だ。

魚町サンロード商店街のアーケードは、老朽化してポリカーボネートの屋根がいつ落ちてもおかしくない状況になっていた。当時からリノベーション自体も民間所有の遊休不動産だけでなく、公共の持っている道路や公園、河川などもリノベーションしないといけないというムードも高まっていた。公共の持っている道路や公園、河川などは中心市街地においてかなりの面積になっており、公共地と民有地が有機的に連携してリノベーションされることでエリアの価値が飛躍的に高まる。「魚町サンロードカルチェラタン構想」を立ち上げて、公道上に存在する魚町サンロードアーケードの撤去事業を通じて、公道上でのイベントや商店街の空き地を活用したコンテナカフェのオープンなどをして、商店街が収益を得てアーケード撤去の費用を稼ぐというモデルを構築した。それらのことが、国家戦略特区の認定を受けての公道上でのオープンカフェの営業を可能にし、引いては地元百貨店と地域商店街である魚町商店街の結節点にある、北九州市が管理する民有地の船場広場の開発につながっていくのだ。

平成30（2018）年3月の第13回リノベーションスクール@北九州（帰ってきたリノベーションスクール）の開催をもってリノベーションスクール@北九州は終了した。表向きの理由は、リノベーションを実施した物件が20件を超え、歩行者通行量も30％近く増え、リノベーションすべき遊休不動産が魚町商店街地区になくなり、廃業した店舗があると地元資本が買い上げてビルを新築したり再開発が始まったりという新たなステージに入ったことが挙げられる。

そこで、次の目標として挙げたのは、平成30（2018）年8月に宣言したSDGs商店街だった。持続可能な社会の実現を求めて、北九州ESD協議会と連携してSDGs商店街宣言をなしたのだった。市民に近い立場の商店街がSDGsに取り組むことにより、市民のSDGsへの認知度を高め、すべての市民がSDGsに取り組むことにより、誰一人取り残さない方式で持続可能な社会の実現を図るとともに、SDGsという社会貢献活動に魚町商店街が取り組むことで、魚町商店街で買い物すること自体が社会貢献につながるのだという意識を市民に持ってもらいたいという意味でSDGs事業を魚町商店街は始めたのだ。

SDGs商店街宣言を出すことは、北九州市民のSDGsに対する認知や理解に貢献しただけでなく、各商店が普段の商いの中で独自に環境保全の観点から商品開発を行うことで、それぞれの商店主にまちや地域の将来への問題意識が芽生え、地域を支えるリーダーを育成することにもつながっている。

3 商店街の再生は、その存在する都市の再生と共にある

魚町商店街は明確なメインテーマ（ビジョン）を有している。昭和26（1951）年に日本で初めて公道上にアーケードを建設した先進的な商店街であり、私たちもそのDNAを有している。そのことを私たちも自覚しており、自慢の種になっている。それ故、魚町商店街のメインテーマは、「先進的な取り組みで来街者の利便性・満足度を増し、商店街エリアの価値向上を目指す」である。このメインテーマは、魚町商店街の人間であれば否定することはできない。商店街の役割は、来街者を増やすことであり、個店の役割は、来街者を取り込んで売上を増やすことである。その役割分担は明確にしておかなければならない。そうでないと商店街がセールやイベントを開催しても、「うちの店の売上は増えないじゃないか」という苦情に対し「それはあなたのお店の責任でしょう」と言い返せなくなってしまう。

都市・地域経営課題を自らの問題ととらえ、商店街なりの解決を目指すことで、商店街の再

商店街を取り巻く都市・地域経営課題

- 自治体の財政危機（税収・交付税減×義務的経費増）
- 地場産業の疲弊・衰退
- 高齢化、生産年齢人口の減少
- 中心市街地のオフィス業務・商業の衰退
- 郊外住宅地の空き家の増大
- 遊休不動産ストックの増大
- 雇用の喪失
- 地域コミュニティの崩壊
- 民間（市民・企業）の自立心の欠如
- 社会変化への対応力（マネジメント）の欠落

魚町商店街の取り組み

- 平成22（2010）年3月　エコルーフ建設
- 平成22（2010）年3月　ICポイントカード導入
- 平成22（2010）年3月　デジタルサイネージ設置
- 平成22（2010）年3月　公共無線LAN設置
- 平成23（2011）年8月　リノベーションスクール@北九州開校
- 平成24（2012）年4月　北九州まなびとESDステーション開設
- 平成24（2012）年9月　ママトモ魚町開設
- 平成27（2015）年8月　魚町サンロードアーケード撤去
- 平成28（2016）年5月　国家戦略特区認定
- 平成29（2017）年8月　多言語MAP＆指さしボード作成
- 平成30（2018）年8月　SDGs商店街宣言
- 平成30（2018）年9月　アリペイ、pring社会実験
- 令和 1（2019）年6月　小倉まちなかキャッシュレス宣言
- 令和 1（2019）年7月　船場広場開設

生を目指す。地球規模の問題、都市経営問題の解決と地域商店街の再生は持続可能な社会の実現という意味で同じ方向性・ベクトル上にあることを理解しなければならない。魚町商店街が、リノベーションまちづくりのステージから外部資本を巻き込んだ再開発・新ビル建築のステージに進むことができたのは、魚町商店街が明確なメインテーマ（ビジョン）をクリアカットして、常に新しいことにチャレンジする商店街であることをアピールすることで、魚町商店街で商売したいという新規起業者を呼び込むことができ、外部資本にあっても投資してみたいまちだというイメージを形成できたからだと思っている。

こぼれ話

商店街再生を阻む事業承継と不動産の共有

私の曽祖父は、徳島県麻植郡山川村（現吉野川市）の出身で農民の二男、独立心旺盛な人で、気宇壮大、大酒飲みだったらしい。明治40年代に北九州市八幡東区尾倉で商売を始めて、大正9（1920）年北九州市若松区本町を火事で焼け出され、魚町商店街内で中屋商店の屋号でメリヤス屋・金物屋を始めた。

私の子どもの頃は、金物屋・電気屋を営んでいて、従業員も50人以上はいたと思う。昭和42（1967）年3階建てのビルを建てて地域一番店の金物屋・電気屋となっていた。一時、隣接する旦過市場に小さい支店を出したことがあるが、基本的に1フロア100坪程度の本店のみの経営だった。私が父に代わってその当時中屋商店を経営していたら、どのような方針をたてていたのだろうかと今も考える。当時同じような規模だったベスト電器さん、嘉穂無線さん（現グッディ）、平野電機さん（現ミスターマックス）、深町家具さん（現ナフコ）みたいに多店舗展開したのか、他の業種に進出したのかどうしていただろうか。昭和47（1972）年私の父は、本店の周りの土地を買収して、265坪程度に敷地を拡げて、5階建てのビルを建て、地下から2階までテナントを入れ、電気屋を3階以上に移す。どのような判断だったか分からないが、それは失敗で、金物屋・電気屋だった中屋商店をたたんで、貸ビル業専業となることになる。その時、中屋商店の損失を穴埋めするために不動産管理会社の中屋興産株式会社を設立して、中屋商店の土地を購入して土地の名義を会社名義にすることにしたのは賢明な判断だったと思う。土地が個人所有で、相続により相続人に共有されると、商店主は、他の相続人に地代・家賃を支払わなければならず、経営を圧迫するし、売却も抵当権をつけて融資を受けることも難しくなる。全国の商店街で商店街再生がうまくいかない最大の原因は、不動産の共有にあると言って差し支えない。このことは立法的にも解決できないし、事業承継税制を使って商店主が他の相続人の持分を買い取るしか道は残されていないが、事業承継税制自体が複雑で要件が厳しく、使いでが悪いものだ。全国の商店主の方々には、公正証書遺言の作成もしくは、家族（民事）信託の活用をお勧めする。

こぼれ話　倒すべきゾンビについて

令和元年11月に福岡市経済観光文化局総務・中小企業部地域産業支援課が主催した福岡市の商店街振興にかかる5回連続開催のイベント「商店街のネクスト/みらいを…カタリアウ　ヒトツキ」に参加した際に、九州パンケーキの村岡浩司氏がまちづくりにおいて自分自身がゾンビ的な存在にならないように注意しているとの発言があった。それを受けて、商店街外から商店街に出店して商店街活動に尽力しているという中年の女性から商店街にはゾンビが多くて困るという趣旨の発言があった。

商店街にはゾンビといってもよい存在は、存在する。長々と話すが結論の分からない人、商店街の事業をすべて自分の店の利益のためとしか考えてない人、どうでもよいあたりまえのことについて話す人、書面をつくることができない人、やたらどうでもいい、穴だらけの案を提案したり、すぐに外部の営業の人を連れてくる人、業者と癒着してしまっている人、などがいる。ゾンビはひとりひとり倒すしかないのだ。倒し方はそれぞれで、20年以上会長をやって辞めない人には、規約を改正して定年制、多選禁止の条項を設けたり、別の会長には事務局と連動して会の表彰対象にして花道を作ったり、難しい仕事をお願いして失敗を待ったり、会議の際に専門的な質問をして立ち往生させたりとか、その人の提案を理由をつけて一切受け付けなかったりとか、いろいろやってきたし、今でもやっている。

第2章

商店街がリノベーションまちづくりを成功させる方法

I

商店街の課題を都市経営視点で考える
―小倉家守構想との出会い

平成24（2012）年6月の出資法改正前は、小倉都心部のまちづくり活動を行いつつ、司法書士業務として、年間20件程度の自己破産、個人再生申立、過払金請求を含む多重債務者の任意整理を行ってきた。消費者金融による高金利・過剰貸付・違法取立の問題解決のため、自らが行った出資法改正を求める請願活動などにより、出資法改正後はこれらの仕事はほとんどなくなった。結果として、自分で自分の首を絞めることになったのだが、正義を実現することができたので、悔いは多少あってもないといえる。司法書士会では学校訪問をして高校生を相手に法教育を行っているが、当初は先輩の先生方から「卵を産む鳥を殺すつもりか」との苦情もあったそうだ。司法書士は、単に試験に受かっただけで登記や簡裁代理業務を独占的に行える資格を与えられているわけで、その独占的地位に対して社会的な還元をしなければならないということは、青年会活動で散々叩き込まれた。同様に、北九州市で一番栄えている魚町商店街に生まれ、家賃も支払う必要がない商売ができているわけで、その与えられた地位に対して社会的な還元をしなければならないということは常に感じている。

話を戻すと、これらすべての事業を責任者として回していくうちに、平成21（2009）年12月に中屋ビルを一棟借りしていた婦人服店が退店し、私のビルは空きビルになってしまった。また、翌年の平成22（2010）年の初頭には父が肺癌であることが判明し、余命6ヶ月と診断された。私自身、生き残りをかけて自社ビルの再生に取り組まなければならなくなっていた。

なかなか中屋ビルに入ってくれるテナントが見つからないで困り果てていた平成22（2010）年7月、北九州市から第1回小倉家守構想検討委員会に不動産オーナーの一人として加わらないかというオファーがあった。渡りに船とばかりに、それがどういうものであるかも考えず二つ返事で参加を決めた。

当時は、リーマンショック後の派遣切りが吹き荒れた不景気の真っただ中で、小倉駅前の小倉伊勢丹は、平成21（2009）年2月に閉店しており、北九州市から福岡市に支店・営業所などを移転する企業が続き、魚町商店街も一番南になる魚町三丁目地区は空き店舗が目立ち、空き店舗率が約3割を超えるようになっていた。街内歩行者通行量も平成10（1998）年8月には、2万3718人あったものが、毎年5%前後づつ落ちはじめ、平成21（2009）年同月には、1万1060人。平成22（2010）年には、1万1006人と半分以下になっていた。

小倉家守構想検討委員会は、平成22（2010）年7月、9月、11月、平成23（2011）

小倉家守講座のカリキュラム

第1回 小倉家守講座カリキュラム

1日目

レクチャー　清水義次氏

- 家守の基本的なノウハウ
- エリアマーケティング、動くまちづくり

ブレーンストーミング

- まちを変える方向性について
- 残すもの、課題、問題、トライすること

2日目

レクチャー　山崎亮氏

- まちの幸福論
- 公共空間を使いこなすプログラムのデザイン

ブレーンストーミング

- 公園、ひろば、みちなどを使いこなす

第2回 小倉家守講座カリキュラム

1日目

レクチャー　木下斉氏

- エリアで行う不動産経営（プロパティマネジメント、ファシリティマネジメント）

ワークショップ

- エリアで考えるコストダウンアイディア

2日目

レクチャー　清水義次氏

- 不動産活用とエリア価値向上

ワークショップ

- エリアを考える1番目のプロジェクトつくり

年1月と4回にわたって開催され、その間平成22（2010）年10月、11月と2日間づつ小倉家守講座が開催された。

家守《やもり》とは、江戸時代の職業で、不在地主（大家）に代わって長屋の店子の相談事にも対応し、「まち」を管理・維持し続ける、今で言うタウンマネージャーである。東京の神田周辺ではこれを現代に採り入れて、空き室の多いビルの店子集めから、地元の職人・企業との交流による起業支援までを手がけ、コミュニティの担い手として「まち」を再生しようとする試みが実施されており、着実に成果を出し始めていた。

質疑応答の際に、清水義次氏に「耐震改修についてはどのように考えたらよいでしょうか？」と質問したことをよく覚えている。清水氏の回答は、「リノベーションは、5年間の暫定利用を考えています。耐震改修については、その後投資回収が終わって利益が出だしてから考えてもよいでしょう」という内容だったと記憶している。その後も私自身が視察に来た方から、耐震の問題についてはよく聞かれることになる。

実は、清水義次氏の講演・レクチャーを聞くのは初めてではなかった。平成21（2009）年3月に、小倉中央商業連合会と北九州まちづくり応援団の共催で「あなたのための〝家守〟講演会（現代版家守によるまちづくり）」があり、それに参加していたので、ある程度の頭づくりができていた。それで、小倉家守講座の内容はかなりすんなり理解・納得することができた。

「あなたのための〝家守〟講演会（現代版家守によるまちづくり）」の案内文には
・中心市街地活性化基本計画の究極の目的は「都心部の不動産価値を上げること」
・敷地単位の発想から、道を介在させたエリアの発想への転換が必要
・エリアの魅力を向上させることが「まち」全体の賑わいを促進させ、都心部の不動産価値を上げることにもつながる
という点が強調されていた。
当時の詳細なメモが残っているので、要点をまとめてみる。

ベンチマークする都市は、福岡市ではない。
・平成23（2011）年に九州新幹線が開通する。阪急デパートが出店する博多駅ビル20万㎡が開業する。福岡市はあくまで福岡市であり、都市間競争にとらわれて北九州市らしさを見失ってはいけない。
・福岡市は筑前藩、北九州市小倉は豊前藩。自然発生的な人の行動範囲である昔の藩単位でまちは考える必要がある。
・家守が管理するまちは、半径200～250m、歩いて5分で回れるまちである。
動きの作りにくい社会環境の中で、新しい動きをスピーディに展開するにはどうしたらよ

いか。

・まちのイメージを変えるには、5年はかかる。

・小倉のまちは、情報発信が不足していないか。

民間主導でまちづくりを行うにはどのようにしたらよいか。

・家賃断層線を探し、安い家賃の不動産を活用して何ができるか考える。

・有休不動産を活用して、地域に新しい人材を呼び込む。

現代版家守の仕事とは？

・家守とは、江戸時代の不在地主に代わって不動産、店子の差配、管理を行う町役人。当時は、役人は、南町、北町奉行を合わせて役人が３００人しかいなかった。町人60万人、武家40万人。幕末には、家守は30人に１人当たりの２万人存在した。

・エリアマーケティングと不動産活用

・エリアプロデュースとマネジメント

・人材の育成

エリアマネジメントとは？

・近未来を予測してコンセプトを考える。

・まちはうつろいやすいことを理解する。

・完成時にはマーケットがずれる。故に、まちの人の潜在意識の変化を読む。
・敷地に価値なし、エリアに価値あり。
・エリアマネジメント組織（まちづくり会社）を活用する。
・現代版家守は、有休不動産活用、リーズナブルな既存ビルのコンバージョン、再開発、共同建替えなどを通じて、エリアの魅力を向上させ、エリアへの投資の波及効果を常に考える。
・エンドユーザーの立場から考える。
・都市型産業の集積が持続可能なまちをつくる。
・都市を再生するためには、人間中心のまちの再生が必要であり、いろいろな新たなサービスが生まれ、まちが良くなり、家賃水準が上昇するという流れが作られる。
・複線型のまちづくり活動が肝要である。
・補助金はできるだけもらわない方がよい。申請書、報告書の作成に人手と時間がとられる。
・スピードのないまちづくりは止めた方がよい。
・情報を出さない限りまちに人は来ない。
・大学を巻き込むことが重要である。大学も座学に限界があることを知っている。

・若い人がまちづくりに関わるようなシステムづくりが肝要である。
・ビジネスモデルをつくり、それが伝播し伝承されることを目的とする。
・インキュベーション施設になるような拠点づくりが重要である。
・事業採算をとるためには、坪10万円のリノベーションと5年改修のモデルが重要である。
・まずはコアとなる拠点をつくり、続いて徒歩5分圏内にサテライトを次々に展開する。
・クリエイティブ産業創出のための地域プロモーションには、アーティストと地域コミュニティ、企業の3者との出会いの場の設定が必要である。それには、路地を封鎖した飲み食いイベント、バーベキューが一番である。
・地域の人と外部価値観のある人との出会いの場をつくる。特に女子大生、専門学校の生徒など。
・東京でも10日間のデザインアートイベントを繰り返し開催してギャラリーが進出するまで4年かかっている。
・家守塾を開催して、人材誘致、人材育成と起業支援を行わなければならない。
・ハード（器）からコンテンツへ。コンテンツ、ソフトからまちを変える。
・まちにアンカーをうつ。まちの一番外れにアンカーテナントを誘致し、逆シャワー効果を得る。

・デザインが最重要。
・商業以外の消費でない生産のテナントを誘致して、付加価値を生み出す設計をする。
・時代を先取りするコンセプトをもって、新業態を開発する。
・人は動物的磁気を持つものだから、まちの人の意識に働きかけて、こころを動かすことが重要だ。
・店の中からではなく、道の側から店を見る。店と道の区別がなくなる位の方がよい。
・考現学的な社会風俗の観察が肝要である。
・現状安定主義から近未来先取り型へ。
・公共主義ではなく民間主導でまちづくりを行い、都市経営、経済を活発化する。
・実践し、ブレイクスルーするＰＤＣＡサイクルを構築する。
・机上から実行、実践、ビジネスモデル化へ。

今読み返しても、それまでのまちづくり専門家にはなかった総合的、斬新な考え方であり、今でも清水義次氏の考え方はぶれていない。魚町商店街の再生もこの方向性で行われている。このようにして、私自身のまちづくりに対する意識改革、あたまづくりが十分にできた段階で、建築家・嶋田洋平氏と出会うのだ。

2

パブリックマインドをもつ設計者と出会う
―嶋田洋平氏のメルカート計画

平成21(2009)年12月、中屋ビルの1階から4階までを37年間一棟借りしてもらっていた婦人服店が退店し、後継テナントも見つからぬまま、平成22(2010)年8月先代社長だった父が肺がんで死去した。中屋ビルの今後について思いを巡らせている同年10月、東京でらいおん建築事務所として独立したばかりの一級建築士の嶋田洋平氏が私の事務所を訪ねてきた。嶋田洋平氏の父の嶋田秀範氏は、父が従前中屋ビルの地下1階で経営していたゲームセンターの店長を務めており、後継テナントについてもいろいろと相談していた。嶋田洋平氏と言えば、高校生の頃夏休み中にゲームセンターでバイトしていたこともあり、その頃から見知っていた。彼が帰省して、「コクラメルカート計画」なるものを提案してきた。

コクラメルカート計画　嶋田洋平

○はじめに

商店街に元気がなくなっています。黒崎にはシャッターをおろした店が目立ち、魚町も心無しか人通りが少なくなってきたように感じます。

一般的にはもう何年も前から「郊外に大型のショッピング施設ができたことによって中心市街地に人が集まらなくなり、客足が遠のいた」ことを原因に挙げています。そういう面は確かにありますが、本当に原因はそれだけでしょうか？

この時代にふさわしい商店街のあり方や「商店街の役割」を真剣に考えるときが来ているのだと思います。

魚町商店街の現状

○問題点1「不動産業化している」

魚町エリアには、自ら汗をかいて物を売る、お客さんに喜んでもらえる商品やサービスを提供するという商店主が減りつつあると感じます。テナントへ場所を賃貸し、家賃収入を得るというモデルが今の商店街の実態となってはいないでしょうか。私は、近年の大型百貨店の悪化の原因と同じ構造をここに見出します。商店街に元気がなくなってしまう最大の原因がこれです。このことがいろいろな問題を引き起こしているのです。

○問題点2「家賃が高い」

不動産業化による最大の問題はここにあります。高い家賃設定のため、新しく商店を開こうとするプレーヤーに対して、相当に高いハードルを課すことになっているのです。新規開店が促進されない。悪循環の最初の問題です。

○問題点3「一時の目新しさしかない」

では、仮に商店街に高い家賃設定に耐えうる全国展開するテナントが出店できたとします。そのようなお店は開店当初は人も集まり一時の繁盛をするかもしれません。しかし、お客さんに人気のブランドの多くは、日本中どこでもある、ありきたりのお店であり、一時の目新しさしか提供できないのです。それは百貨店が一定の期間ごとにテナントを入れ替えたり、全館新装リニューアルをしているという事実がすべてを物語っています。ましてや、他都市と差異化できないテナントをいくら誘致したところで、観光の核になることはないのです。残念なことに、最近では魚町にも全国チェーンの居酒屋やコーヒーショップなどが目立つようになってきました。

○まちづくりの事例

事例その1「北仲WHITE BRICK」(神奈川県横浜市)

ディベロッパーによる再開発によって解体する事が決まった歴史的建造物を数十組のアーティストやデザイナー達に期間限定で賃貸し、地域の創造拠点として活用しています。家賃は1年半という期間スタジオオフィスとして利用するための最低限の改修費と固定資産税などの合計額に抑えられ(市場の半分以下)、若いアーティストやデザイナーの育成の場として機能していました。

事例その2「本町ビル・シゴカイ」(神奈川県横浜市)

北仲プロジェクトの終了後、入居者の一部の移転先として、近隣の古い歴史的建造物であるオフィスの空きフロアを北仲と同様な家賃体系で期間限定賃貸借しています。

事例その3「卒業設計日本一決定戦@せんだいメディアテーク」(宮城県仙台市)

宮城県仙台市のせんだいメディアテークで行われる、国内大学の建築系学部学科生による卒業制作展。日本各地より約600点の卒業制作がここに集められ、建築家による講評と評価が行われ、卒業設計日本一とともにベスト10が発表されます。このイベントに毎年3月、600点の建築設計と2000人を超える学生が全国から仙台市に集まります。地域の建築家が企画した展覧会が地域の大きな経済効果をうみ、観光への貢献をしている良い例です。

○コクラメルカート計画

私たちは、魚町商店街として、この時代の商店街という商空間の新しい価値を発信していくべきだと考えます。新しい場所を誕生させていく夢の第一歩を提案します。前述の問題点と各地の事例を参考に、これらの北九州小倉の観光の核を担えるような商品を生み出せるような若い商店主（ニュープレイヤー）を育成することを目指します。

スキーム

空き空間に「小倉発、魚町発の商品」を生み出せる若い商店主を誘致し、期間限定で店舗を営業してもらいます。趣旨に賛同する魚町エリアのビルオーナーから期間限定で低家賃で借り上げ、小分けにしてニュープレイヤーに賃貸します。

ビルオーナーのメリット

1　借り手のつかない空き店舗を期間限定で稼働させることで、最低限のリスクを回避できる。

2　利益主導ではなく、地域の主体として、中心市街地活性化のため、若い商店主を育てるという社会貢献をアピールできる。

ニュープレイヤーのメリット

1　出店の際のイニシャルコスト（保証金など）を安く抑えることができる。

2　出店から一定の期間、家賃を安く抑えることができる。

行政のメリット

1　中心市街地の活性化につながる上、シャッター通り化を防ぐことができる。

2　観光資源の開発につながる可能性がある。

○それぞれの役割（目的）

コクラ　メルカートの役割

ビルオーナーとニュープレイヤーをつなぐ。最終的には商店街内で複数案件をネットワーク化し、年間を通じて関連企画を行い、商店街全体の活気づけを目指す。この事業が持続可能なモデルとして、オーナーとプレイヤー、行政のニーズをマッチできるような仕組みの改変を常に行う。

ニュープレイヤーの役割

ハードル低く新規店舗を構えられるメリットを利用して、商品開発や質の高いサービスを提供することを目指す。例えば新しい名物となるような食べ物、地元の伝統技術を生かした雑貨、特産物を使ったお惣菜屋など観光にも貢献できるようなコンテンツの開発に努力する。上記を通して、地域に貢献することを目指す。社会に対して、健全な事業者、企業への成長を目指す。

ビルオーナーの役割

地元発のコンテンツを育成する社会的な意義。コンテンツが育つことによる集客効果。

行政の役割

自治体の持つ情報収集能力を使い、ニュープレイヤーを発掘する。ニュープレイヤー育成のための協力。

○私たちの目的

観光の核をつくる

ニュープレイヤーの商品やサービスが他県から人を誘致できる観光資源になるようなものを育成したい。コクラメルカートの仕組みが、新しい商店街の在り方として話題になるような場所にしたい。

地域のネットワークをつくる

コクラメルカートのような仕組みで運営される商業スペースを商店街に数ヶ所分散させ、それぞれ関連させるようなイベントを商店街全体と一緒に行う。そのことを通じて、商店街の商店主全員に自分たちの力でまちの活力を生み出すような意識をもってもらいたい。

小倉らしさ、魚町らしさを見せる

小倉の歴史、伝統、文化などコクラメルカートの仕組みを通して発信していきたい。もちろん観光資源としてのみならず、地域の子ども達のために。まちの力の源が商店街にあるということを示したい。そして、そのような教育を通して、地域に根ざす人を育て、県外への若者の流出に歯止めをかけたい。

技術を育てたい

商店街の商店で「モノをつくって売る」というプレイヤーを育てたい。作家や職人のような人がある一定の割合で共存できる商店街は必ず元気ある場所になる。

持続可能性のある地域活性化のモデルをつくる

魚町商店街のエリアでこうした取り組みを通して、東京↓地方という中央からの視点ではなく、北九州市の小倉という視点で発信できるモデルとして、また、これからの時代にあった、将来にわたって持続可能なモデルとして作り上げていきたい。

熱心に語りかける嶋田洋平氏からコクラメルカート計画についての説明を聞いて、私は「実はね」と言って本棚から「小倉家守構想検討委員会」のファイルを取って、清水義次さんという人が同じようなことを言っているのを聞いたことがあるんだと答えた。その当時、嶋田洋平氏は清水義次氏を知らないようだった。

嶋田洋平氏の具体的な提案としては、鉄筋コンクリート造5階建ての魚町三番街中屋ビルのサンロード側に木造2階建ての1フロア40坪位の建物が併設してあり、そこをリノベーションしてメルカート三番街という商業施設を作ろうということだった。鉄筋コンクリート造の建物に木造の建物が接続しているのは、消防的にはスプリンクラーを設置しているので問題はないとはいえ、構造上・防火上もよろしくなく、建て替える予定でテナントが出るがままに任せていたので、まったくの空きビルになっていた。

魚町会館を建築した建築業者からは建て替えの話が来ていて、建築士から設計図も渡されていて建築費3300万円、内装費3500万円、その他諸経費を合計すると8000万円～1億円ほどの予算が必要であり、回収は15年間だったが、その建築士は私より年上の上、格好も垢抜けなく、ビルのネーミングもダサかった。魚町にとってそのビルがどのような価値を持つのかの説明もなく、建築会社も新しくビルを建てるだけで、テナントが入るかどうかも分からず、採算性も不明で、あまり気の進まないものだったのでほっておいたのだった。

同席していた嶋田秀範氏からは、中華料理店が1棟で借りたいという話もあるが、店主の年齢が60歳を超えていて、長期間借りてもらえるかどうか分からない、小分けして複数のテナントに貸した方がリスクが少ないのではないかと忠告された。嶋田洋平氏の説明は、明確で説得力にもあふれ、出来るだけ低予算でリノベーションするという手法にも共感でき、気も合いそうだったので、一も二もなく嶋田洋平氏のリノベーションプランに賛同して、「じゃあやってみて」とメルカート三番街を建築することに決めた。嶋田洋平氏は、実にあっさりと決まって任されてしまったので、テナントも自ら集めないといけないと心に決めたそうだ。

メルカート三番街の先行事例としては、廃校になった中学校をリノベーションした清水義次氏の「3331アーツ千代田」や、鹿児島天文館の鹿児島三越跡の「マルヤガーデンズ」がある。嶋田洋平氏は、当時勤務していたアート系建築設計事務所「みかんぐみ」時代に「マルヤガーデンズ」のリノベーションを経験し、同じようなことが北九州市小倉北区魚町でできないかと考えていたそうだ。

リノベーションの講演や視察の際に必ず「なぜ、メルカート三番街を始めようと決心したのか？ 躊躇はなかったのか、リスクについてはどう思っていたか？」と聞かれる。それに対しては、「リスクはない訳じゃないが、テナント先付方式で小分けして若い起業家に貸すということは、すべてのテナントが一度に出ることもないので、リスクは管理されている。家賃から計算して5年で回収できるだけしかリノベーションに投資しないので、リスクは計算できている。投資利回り20％で投資しない投資家はいない。落ちているお金を拾うようなものだ」と答えている。嶋田洋平氏が言うには、父がゲームセンターの店長として雇ってもらったおかげで自分は大学まで進学できた。この恩は返さなければならないと母に言われているという泣き落としも含みつつの説明だったが、私自身としては、空きビルになった中屋ビルを何とかしないと食べていけなくなるから、とりあえず中屋ビルの一部からワンフロアづつリノベーションしていきましょうという提案に乗ったものだった。一棟借りしてもらっていたテナントが撤退し、父が亡くなり、私が自分の意志で何事も決められるようになり、清水義次氏の小倉家守構想検討委員会に参加して意識改革され、嶋田洋平氏に会うその一連のことが、ユングの提唱した「意味のある偶然の一致」（共時性シンクロシニティ）に違いないと感じていた。「意味のある偶然の一致」とは、噂をすれば影が射すとか言われる類のことだが、単なる偶然ではなく、その時自己実現にかかわることが起こっており、ポジティブな予感があればそのまま進んでよいとされている。

3

テナント選定と管理の肝―先付け方式と「メル会」

平成22（2010）年11月、イタリア語で「市場」という意味のメルカート三番街の工事が始まった。まず、耐震診断のため、解体工事から行われ、その結果元々木造であったものを鉄骨で補強していることが分かった。これまでも数回に渡り、改装や補強工事が行われていたことが判明した。それと同時にテナントの募集を行った。とはいっても私自身は何もせず、嶋田洋平氏に任せたままだった。テナントは、嶋田洋平氏の同級生や後に北九州家守舎の共同代表となる遠矢弘毅氏の経営するカフェで行われていた起業家のための朝会参加者が主な入居者となる。私と言えば、嶋田洋平氏が連れてきたテナント候補と面接し、コクラメルカート構想の意義を説明して、リノベーション施設であり、ショッピングモールのように完成された商業施設ではなく徐々に完成される施設であること、商業施設として管理会社が主導するのではなく、自主的運営（メル会）がなされること、また、商店街組合や町内会の行事やイベントに積極的に参加してもらいたい旨を述べた。全部で20人ほど面接したと思うが、最終的には気が合いそうな45歳以下のクリエイター10組に絞って、入居申込書兼仮建物賃貸借契約書にサインしてもらった。テナントリーシングに関しては、一般の不動産業者は一切関与していない。不動産業者に関与させてしまえば、テナントは口コミやSNSを活用した募集ではなく、不動産情報サイトを介した募集方法となり、家賃水準を含め自分の思うようなテナントの募集はできずに、ありきたりのビルになってしまったことだろうと思う。不動産業者の仲介収入は、家賃の1ヶ月分に限定されるから、家賃の低いインキュベーション施設は見向きもされなかったかも知れない。そもそもメルカート三番街の大義を理解できないというか、なぜそんなに低額の家賃で貸すのかさえ理解する気にすらならなかっただろう。中屋興産は、宅地建物取引業免許を持ち、私自身宅地建物取引士、司法書士の資格を持ち、重要事項説明書や契約書の作成、説明は本業だったからできた部分も多かったと思う。当然、仲介手数料も礼金なども受け取っていない。テナントの募集は、平成22（2010）年11月末から平成23（2011）年2月末までの4ヶ月間で行われ、3月からは内部の仕切り壁工事、店舗内装工事が始まった。いわゆるテナント先付方式であり、テナントが決まってから内装工事に入ったのだ。テナントには払えるだけの家賃（絶対賃料）を聞き、それに基づいて床面積を割り振った。家賃は、相場が坪8500円～1万円のところ、2割ほど安い坪6600円。出来るだけ安く表示しようとして、㎡あたり2000円と表記した。礼金、敷金はなし。その金額は、北九州市が運営するインキュベーション施設の北九州テレワークセンターの家賃を参考にしている。北九州テレワークセンター

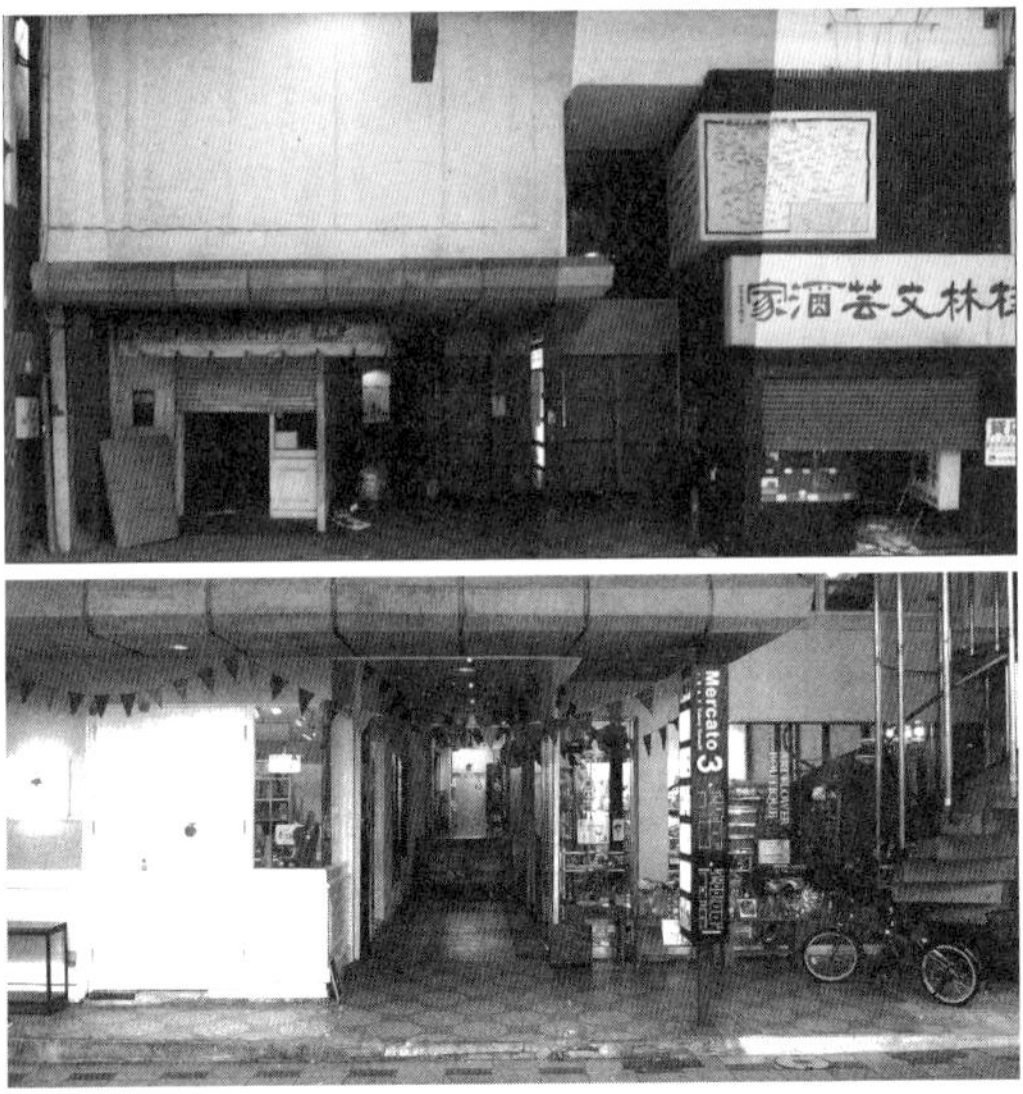

メルカート三番街　改修前（上）、改修後（下）

の家賃は㎡あたり２７００円であったから、それよりも安くしたのだ。内装工事は、テナント負担で、壁や家具の塗装、壁紙を貼るなどの工事は、テナント自らセルフビルドで行った。オーナー負担となる外装、内装工事は最小限で行い、床のタイルはところどころ剥がれたままで、嶋田洋平氏に何度もこのままでよいのかと確認したほどだった。総工費は、設計・管理料の１４１万７５００円を含めた１８９２万７８５４円。メルカート三番街の総床面積は約２４０㎡（72・6坪）であるから、坪単価は26万円ほどになっている。家賃の月額合計は、37万１０００円であり、51ヶ月（４年３ヶ月の）投資回収期間となっている。

メルカート三番街は、リノベーションによって改装費を低コストに抑え、低家賃のテナントリーシングプランが可能になり、しかも敷金・礼金をゼロにしたので、ナショナルチェーンのようなテナントではなく、若手のクリエイター・デザイナーの入居が可能になった。そして、小分けしてテナント先付方式でリノベーションを行うことにより、投資回収リスクを低減化、管理可能なレベルに抑えることができた。テナントのターゲットを絞り、選別することによって、同じ志、意識を持った入居者が集まるように設定され、選定した入居者は、自主的運営組織を運営して、魚町サンロード商店街を含むまちに対して、一つのコミュニティとして発信し、周囲の商店街とコミュニティとして交わることで、入居者を媒介とした地域コミュニティが形成された。地域のコミュニティが復活することで、地域のネットワークが形成され、それがまち全体の意識変革につながっていった。それが、メルカート三番街が、リノベーションまちづくりの発祥の地であり、聖地といわれるゆえんだ。

メル会という町内会にも似た組織で自主運営することにより、不動産オーナーの管理業務は軽減されている。若くて有能なクリエイター・デザイナーといえば聞こえはいいが、自主性にあふれ自我も強いという一面も当然ある。不動産オーナーが直接個々のテナントの意見や苦情を聞くのではなく、メル会でいったん内部討議してもらってメル会の会長を通して、意見や苦情を聞くというワンクッションを置くことで、不動産オーナーの管理業務はかなり軽減されていると言える。メルカート三番街のテナントは、それぞれ業種も違い、営業時間や休日も違うため、メル会は月に一度入居者が全員顔を合わせる唯一の場であり、イベントについても打ち合わせや意見交換、他愛のない話をする場所でもある。もう一つ、工夫した点とすれば、後に北九州家守舎の取締役会を形成する、嶋田洋平氏、遠矢弘毅に加えて、北九州市立大学の片岡寛之氏、九州工業大学の徳田光弘氏にも加わってもらってアドバイザリーボードという第三者組織を形成したことだ。また、入居者の一人には、魚町三番街中屋ビルの現代版家守を務める嶋田秀範氏に入居してもらい、メル会内に不動産オーナー側の人間を確保することにより、メル会が変な方向に暴走しないような仕組みも内蔵している。アドバイザリーボードには、入居者に対してディレクションするとともに、不動産オーナー、現代版家守にアドバイスしてもらったりした。

それでは、テナント入居者を紹介しよう。

1F―1 フラワーデザイナー

店主は、国内外で活躍するフラワー・コーディネータであり、個人的にフローリストとして、舞台・ラジオに出演するほか、空間ディスプレイ、店舗デザイン、講演会、講習会、子ども向けの教室などを行っている。すでに1店舗目を構えており、2店舗目を構える予定はなかったが、メルカート三番街の10店舗の若いプレイヤーが集まって事業を行う形態に共感、興味を持ち、メルカート三番街の集合体としての発信力、可能性を感じて入居に至った。なお、入居後私の妻と小中学校の同級生だったことを知る。また、社員として勤めていた森川妙氏は、後に魚町三番街中屋ビルの地下にある北九州ＥＳＤ協議会のコーディネーターとなり、魚町商店街のＳＤＧｓ活動をリードすることになる。

1F―2　カフェカクタス

小倉、博多、アメリカでカフェ営業の勉強をし、長年エスプレッソ専門のカフェを開くことを目的としていた。北九州市立大学のビジネススクールに学び、物件を探していた。私とは、福岡県中小企業団体中央会が主催する商店街の起業面談会で会っていたが、その際にはまだリノベーションに対する理解がなかったので、そんな利益率の薄い商売は成り立たないと断っていた。

1F―3　デコルーチェ

照明プランナーの事務所兼ショールームとして開業。照明設計事務所に勤務し、美容室や飲食店、物販店、住宅の照明設計、イルミネーションのプラン設計などを行う。北九州テレワークセンターに事務所を借りていたが、契約終了に伴い、事務所を探していた。入居後、メルカート三番街の照明設計、魚町商店街、魚町一丁目商店街の照明ＬＥＤ化のコーディネートを依頼した。

1F—4　余白

一級建築士である建築家とグラフィックデザイナーのコラボによるオフィス兼ショールーム。「2次元と3次元の未来への拡がり」というテーマを掲げている。元々、二人は面識がなかったが、メルカート三番街入居を契機にコラボすることになった。開業当時建築家は、まだ内装関連会社に勤めていたが、その後独立、メルカート三番街の初代町内会長を務める。メルカート三番街卒業後は、リンクドオフィス「LIO」、「室町シュトラッセ」などのリノベーションを手がけ、2度にわたってリノベーションオブザイヤーに輝くなど、リノベーションの全国的な立役者になっている。グラフィックデザイナーの方も地元商店街のMAP作成も依頼され、九州ADCアワード2021総合グランプリも受賞するなど成果を出している。

1F—5　アトリエセッセ

女性デザイナーによる、子どもから大人までのカジュアル、フォーマルまで取り扱う服飾雑貨店。洋服の他雑貨やカバンなども販売しており、生地からセミオーダーで洋服も仕立てている。

1F—6　数寄者Design

美容師が経営する複数人からなるデザインユニットで制作された作品が並ぶギャラリー。

1F―7　キステ　クラフト アート デザイン

黒崎商店街で人形店を経営している嶋田洋平氏の中学時代の同級生が経営している手作りの木のおもちゃ、アクセサリーや雑貨などのセレクトショップ。黒崎商店街で人形店を経営しており、毎日店を開けるのは厳しいので、手作り雑貨作家の妹とその友人の地域情報誌編集代表とで共同経営している。

2F―1　水玉食堂

料理が得意だった看護師と事務職員が共同経営する「昭和レトロ」をコンセプトにした飲食店。青い水玉の食器や趣味で集めた古物食器などが飾られている。

2F―2　図書館アーカイブ

嶋田洋平氏とその父母が経営する、北九州市、小倉、魚町の歴史・文化に関する図書や、美術、建築、デザインに関する図書をストックした図書館。季節ごとにテーマが設定され、テーマに関する図書が紹介されている。小倉魚町にとっての情報集積機能が重要とする観点から開業したが、実際には一番奥まったスペースにあり、テナントが付きにくかったという側面もある。メルカートの火事で書籍が水につかってしまったので、図書館アーカイブは閉館し、その後、ご高齢のご婦人の編み物教室となった。編み物という同じ趣味を持つご婦人方が、自宅で一人で編み物をするのではなく、共同で家賃を出し合って、おしゃべりしながら編み物をする場に変身した。

2F―3　小倉経済新聞編集長室

ＷＥＢ上でイベント、新規開業店などを紹介する地域経済情報誌の編集長室。以前は、北九州テレワークセンターで開業していたが、メルカート三番街もメディア機能を持っておいた方がよいとの考えから、入居してもらった。魚町のシンボルマークに応募したり、デジタルサイネージの運営会社のコンペに参加したりとか、それまでにいろいろな接触機会があった。北九州テレワークセンターからメルカート三番街に移って、いろいろな情報にアクセスでき、情報が自然と集まって来るようになった。その後、北九州家守舎が管理する第二喜久田マンション1階で、認可外保育園を経営し、経営が軌道に乗って、リバーウォーク北九州に企業内保育園を開設した。

メルカート三番街は、平成23（２０１１）年6月1日オープンした。２０２１年6月、10年目を迎えたが、いろいろ入れ替わりはあるものの、紹介また紹介で店舗が埋まり、一度も空き店舗が発生していない。
メルカート三番街のコンセプトをまとめてみると以下のようになる。
・クリエイターのためのインキュベーション施設
・リノベーションの価値を理解するテナント
・45歳以下のクリエイター
・家賃単価1㎡2000円
・敷金・礼金なし
・払える家賃の額に応じて小分けして賃貸
・商店街の活性化に協力
・テナントが決まってからリノベーション
さらにまとめると、
・シャッター街化が進む商店街において、遊休不動産を活用して、リノベーションし、再生すること。
・若いクリエイティブなプレイヤーに低家賃で賃貸することで起業の促進や支援を行うこと。
・コミュニティを形成して、都市型産業の集積によって、観光の核とすること。
・周囲の商店街と連携して、入居者を媒介として地域コミュニティの再生、地域ネットワークの構築を目指すこと。

中屋興産株式会社としても、メルカート三番街が独立して存在するのではなく、手を携えて魚町サンロード商店街のカルチェラタン構想が軌道に乗るように、商店街・町内会を巻き込んで、ムーブメントを起こし、それが水平展開され、小倉中心市街地のさらなるにぎわいづくり・活性化を成し遂げていきたいと考えている。

4 コストを抑える複合施設運営―フォルム三番街

メルカート三番街と同時に、イタリア語で「広場」という意味のフォルム三番街を魚町三番街中屋ビル4階にオープンさせた。元々一棟借りしていた婦人服店の事務所、倉庫、社員の休憩室などのバックヤードだった。婦人服店が撤退したあとは、備品什器などがそのままになっていた。嶋田洋平氏の発案で、シェアオフィス、アトリエ空間、レクチャースペース、アーティスト・イン・レジデンスなどの複合施設としてオープンさせた。中屋興産としてもメルカート三番街に資金をつぎ込んでいたので、出来るだけ安価でオープンさせようと、フォルム

フォルム三番街

三番街の一部を九州工業大学の建築系の学生のゼミ室に貸し出すことにして、彼ら彼女らにお片付けワークとして、廃材、ゴミなどの搬出をお願いした。使える一部の什器備品は、メルカート三番街の什器備品に使ってもらい、婦人服店が存在したという歴史の一部にしている。元婦人服店の従業員さんが、メルカート三番街を訪れた際に、昔婦人服店で使われた什器備品を見つけて懐かしんだりしたこともある。フォルム三番街は、大規模な改修工事は行わず、フロアの手前側から段階的にリノベーションしながら、入居者を募集していった。そして、入居者自らが掃除、塗装などをすることによって、自らが利用しやすい空間を創造していくことにした。平成23（2011）年4月に廃材、ゴミなどの搬出を始めてから、2ヶ月後の6月1日にメルカート三番街と同時にオープンさせることができた。シェアデスクは、1ヶ月1万円（税別）4団体が入居してくれた。まだシェアオフィスの文化がなかった北九州市に新たなシェア文化を持ち込むことが出来たものと思っている。

レクチャースペースの使い方としては、嶋田洋平氏か

三番街講座　開催リスト

1. 2011年 7月 6日「開局！ FM魚町　自由ラジオを始めよう」
毛原大樹

2. 2011年 9月13日「街のリソースのリサイクル」
曽我部昌史

3. 2011年12月 3日「広告クリエーターと一緒に街の魅力を再発見　広告をつくろう！」
菱川勢一　渡辺潤平

4. 2012年 3月30日「リノベーションアーキテクトと一緒に『魚町』のリノベーションを考えよう。リノベーションで行こう！」
大島芳彦

5. 2012年 5月 2日「リファイニングで、よみがえる建築」
青木　茂

6. 2012年 6月23日「『第四の消費』時代の社会と商店街」
三浦　展

7. 2012年 6月24日「アーケード商店街のすべて」
辻原万規彦

8. 2012年10月26日「『物販におけるサイエンス』小売り商売で売れるための客観的法則」
徳光次郎

9. 2012年11月16日「小倉魚町を新しいワークプレイスに　商店街で働こう！」
仲　隆介　岸本章弘

10. 2012年12月26日「ちいさなモノづくりを通じてまちを変える　メイドイン魚町の可能性」
矢内原充志

11. 2013年 3月24日「不動産オーナーのためのリノベーションスクール」
西原　昭　吉原勝己

ら「三番街講座」というものをやってはどうかと提案があり、その提案にのって福岡県中小企業団体中央会や福岡県商店街振興組合連合会の補助金を活用して、右の表のような「三番街講座」が行われ、魚町商店街関係者、地域住民などが集まり、各種いろいろな事象の知見を高めるとともに、メルカート三番街、フォルム三番街の広報に一役買うことになった。

フォルム三番街のアーティスト・イン・レジデンスの入居者募集について、嶋田洋平氏は私からみても突拍子もない意見を提案してきた。それは、魚町三番街中屋ビルのエレベーターをギャラリーと見立てて、コンテンポラリーアートギャラリーとして活用しようというのである。商店街をオルタナティブな美術館と見立てて、エレベーターという狭小かつ閉鎖的な空間をギャラリーにして、エレベータの扉が開けば、そこに突如美術作品が現れる。それは美術館やアートギャラリーに展示するより、非常な驚きと魅力と感動を与えるというのである。作品の制作条件にもユニークな仕組みが設けられていた。作品制作費5万円は支給されるが、エレベーターギャラリー制作及びギャラリー期間中のアトリエスペースの家賃は無料になる条件で、作品はフォルム三番街のアトリエスペースで制作せねばならないということになっていた。広報はSNSのみで行い、イベント費用5万円で、フォルム三番街を含む魚町三番街中屋ビルの存在がアピールでき、入居者の募集もできるのだから一石二鳥だった。応募者数名の中からドローイング作家の塩井一孝氏が選考され、旦過市場の道路を鉛筆でドローイングするという

「ランドスケープの皮膚」という作品がエレベーター内に展示されることになった。当然、消防法の問題などもあるのだが、ギャラリーエレベーターは大きな話題となって、アトリエスタジオが5名の作家、芸術家で埋まるという効果をもたらすことになった。

フォルム三番街のコンセプトをまとめると以下のようになる。

・段階的に改修、募集する。
・シェアデスク、シェアオフィス、共同会議室、大学の部室を入居させる。
・安価な家賃を維持するため、過大な設備投資はしない。
・ギャラリースペース、クリエイターアトリエ、イベントスペースを完備する。
・ソフト事業も「三番街講座」として開催する。

5

まずは「場」をあたためるイベントから ―リノベーションスクールの開催

話は少し戻るが、私と嶋田洋平氏が会った後、すぐに嶋田洋平氏は清水義次氏に会いに行き、そこからリノベーションスクール開催へと話が進んでいくことになる。まず、リノベーションスクール@北九州開催のための話題を作り、参加者の意欲向上を図り、北九州市のリノベーションの場をあたためるために、「リノベーションシンポジウムin北九州」を平成23（2011）年3月19日、東日本大震災の直後にまったくの空きフロアだった魚町三番街中屋ビルの2階フロアで開催した。フロア中央にリングに見立てた演台があり、それを囲むように講師陣が座って、四方からカメラで撮影するという方式だった。小倉駅北側のある有休不動産物件をテーマに、講師陣がその再生プランを考えて発表するというものだった。北九州市からは、当時の産業経済局長、後の副市長が登壇して、北九州市は今後どのような産業で食べていくかという話をした。それは、デジタルコンテンツの制作・補修という話だったと記憶しているが、その後北九州市には、そのような考え方がなくなってしまったと見えるのが残念だ。

同年5月13日から15日にかけて東京都千代田区西神田の廃校になった中学校をリノベーションして作られた「3331アーツ千代田」で開催された「第1回エリアイノベーターズ養成ブートキャンプ」に嶋田洋平氏、嶋田秀範氏とともに参加した。参加費は、旅費、交通費を含まず21万円だったが、魚町三番街中屋ビル全体の再生にあたって「3331アーツ千代田」は非常に参考になった。魚町三番街中屋ビルも「3331アーツ千代田」の小型モデルとして参考にしている部分は多々存在する。ブートキャンプ自体も全国各地のいろいろな方と知り合いになれた上、講義自体も非常に有意義なものだった。

リノベーションスクール@北九州

以上のような流れがあって、第1回リノベーションスクール@北九州は、平成23（２０１１）年８月27日～30日に西日本工業大学小倉キャンバスで開催された。主催は、建築系の一般社団法人ＨＥＡＤ研究会で、国土交通省の新しい公共という予算を活用して開催された。ＨＥＡＤ研究会は、人口減少社会の中で新築の案件が少なくなっている現状を踏まえ、建築系の大学生が毎年1万人近く卒業する中で、リノベーションという新たな事業分野、食い扶持を創造していこうと設立されたものである。

リノベーションスクール@北九州の第3回以降は、北九州市の交付金を得て、私が代表を務める「北九州リノベーションまちづくり協議会」を主催者として、魚町三番街中屋ビル3階で平成29（２０１７）年3月まで合計13回まで開催された。第10回以降は、北九州市の交付金のみならず、全国にもリノベーションまちづくりを拡大するようにとのミッションを受けて国土交通省の「民間まちづくり活動促進事業費補助金」の交付金を受けていた。

リノベーションスクール@北九州とは、小倉魚町地区を中心とした地域の遊休不動産を題材に、全国から受講生を募集して、ワークショップ形式で4日間に渡り遊休不動産の再生プランを作成し、最終日にオーナーにプレゼンテーションするというもの。プレゼンの結果、オーナーが再生プランを気に入ってくれれば、そのまま投資してもらって再生プラン通りに遊休不動産を再生するものの、ブラッシュアップが必要な場合、別途設立したまちづくり会社の「株式会社北九州家守舎」が再生プランを練り直し、投資も含めて再提案することになる。

リノベーションスクール@北九州　1 ユニットワーク、2 レクチャー（ライブアウト）、3 公開プレゼンテーション

各ユニットは、8、10名で構成される。以前は4ユニットで行われ、国土交通省の予算が投下された第7回からは8ユニットに増やされ、毎回50～100名の受講生が全国各地から集まってリノベーションスクールに参加していた。リノベーションスクール参加後はそれぞれの故郷に帰って、リノベーションスクールで得たマインドとスキルを活用して自らのまちでまちづくりを続けていくことになる。

リノベーションスクールは、4日間にわたって開催され、その流れは以下の通りである。

初日：遊休不動産のあるスモールエリアをサーベイしながら、直感だけでなく定量的・定性的にエリアの再定義を行う。その上で、遊休不動産の利用の構想を考える。

2日：遊休不動産の利用構想を深め、収入・支出を考慮しながら、事業計画を立案し、その事業にふさわしいキャッチコピーを考える。

3日：遊休不動産の再生案を、エリア価値を高める事業計画案へと昇華させる。誰がリスクをとり、誰が実際の事業を行うのか固有名詞を当てはめていく。同時に公開プレゼンテーションの流れを考える。

4日：魅力的で説得力のあるプレゼンテーションを作成し、ユニットが一丸となって公開プレゼンテーションに挑む。

第1回のリノベーションスクール@北九州の打合せ会議から参加して、受講生としてスクールに参加した。ディレクターは、清水義次氏。ユニットは、5ユニットの各8名づつの参加で合計40名の受講生数だった。ユニットマスターは、各ユニット1名づつで、大島芳彦氏、嶋田洋平氏、新堀学氏、貞國秀幸氏、徳田光弘氏の5名。レクチャラーに松村秀一氏、大月敏雄氏、倉方俊輔氏、島原万丈氏、竹内昌義氏、田村雅邦氏、長坂常氏、納谷新氏、馬場正尊氏。ジュリーに松永安光氏の構成となっている。

第1回リノベーションスクール@北九州　市民公開講座

・「建物を使い続けるということ〜『利用の構想力』」の時代」　松村秀一氏
・「住宅地の成熟を計画するということ」　大月敏雄氏
・「みんなのリノベーションレシピ」　竹内昌義氏、馬場正尊氏、大島芳彦氏、納野新氏

遊休不動産は、映画館の旧有楽座、歴史的建物である赤レンガづくりの旧東京製綱小倉工場事務所、飲食店街にある紺屋町BARビル、小倉駅北側の旧三省建設ビル、魚町二丁目の旧サンリオビルの五つだった。

私は、受講生として参加し、大島ユニットに属して映画館の旧有楽座を担当した。旧有楽座は、普通の映画館などではやっていないヨーロッパ系の映画や文学作品を上映するいわゆる名画座で、再開発事業の対象となり区分所有の物件としてホテルの地下にあった。平成15（2003）年にクローズされ、一時近隣マンションのショールームとして活用されていたが、その後は空きビルになっていた。紫川のすぐ近くにあり、地下2階は湧き水が出るということで、地下水を汲み上げる電気代だけで年間1000万円かかるというとんでもない物件だった。

最初にユニットメンバーで物件を内覧し、その付近を歩き回ってそのエリアの特性を探る。

会場に戻って、ユニットメンバーとＳＷＯＴ分析を行う。旧有楽座は、天井高６ｍ、窓がなく光のささない、１００人規模、１５０人規模の２つの映画館が併設された巨大な空間だった。それから何にしたらよいか、ユニットでブレーンストーミングをする。地下美術館、ナイトクラブ、ディスコ、カジノ、いろいろなアイディアが出たのち、近隣の紫川、勝山公園などの施設との関連性の中から、地域振興及び市民の健康促進を図ることを目的として地域に根づいた多機能スポーツ施設としてリノベーションするプランを提出することになった。ネーミングは、「小倉ＲＯＯＴＳ」。地下にある施設なので、小倉に根を張った施設だという意味だ。リノベーションプランの提出に関しては、ネーミングが重要となる。そこからいろいろなイメージがわいてくるのだ。メインコンテンツは、ＢＭＸやスケートボードのできるスケートパークと幅広い年齢層が利用できるボルダリング施設。周辺を走るランナーやバイクで通勤できる人が気軽に立ち寄れるランナーステーションを組み込んで、市民のアクティブな生活様式を提案するというものであった。このエリアは、主要商業エリアと住宅エリアに挟まれたエリアであり、地域に対するサービスが求められる地域でもある。教育・食・カルチャーセンターなどの文化機能が集積しており、また河川・公園・緑地に接することから、スポーツ文化の発信拠点としての可能性を秘めていると思われる。健康に関する意識は年々高まっており、今後も高いニーズを維持していくことが予想される。かつて市民に親しまれていた映画館の歴史を意識しつつ、スポーツ文化の発信拠点として、市民の健康維持とまちの記憶を維持するような施設を建築する、ということを事業概要として、それぞれ得意分野ごとに最終日のオーナープレゼン資料を作成した。

リノベーションスクールでは、初日にウェルカムパーティーがあり、飲食しながらユニットのチームワークを深めていく、2日目、3日目と各界第一人者のレクチャラーのリノベーションに関するレクチャーを挟みながら、ディスカッションを繰り返し、模造紙にポストイットを貼りながらユニットワークを進めていく。当然のように毎夜の飲み会を挟みながら、ユニットマスターたちの前でショートプレゼンを繰り返し、プレゼンをブラッシュアップしていく。HEAD研究会に属する東京大学、千葉大学そして、地元の九州工業大学、北九州市立大学で構成される事務局は、その日のレクチャーやユニットワークの様子を記載した小新聞を毎日発行した。ユニットワークにおいて私は、収支計画を担当し各地のボルダリングの料金などを調べながらエクセルデータを埋めていった。最終日のプレゼン者は1名が原則で、入れ代わり立ち代わりプレゼン者が交代することは原則許されない。審査員の一人だった馬場正尊さんから、ボルダリングの価格について近隣の施設と比較しているかどうか尋ねられたのを覚えている。不動産オーナーの前で事業実施候補者を含めてプレゼンするが、旧有楽座のボルダリングジム構想は、事業経費がかさんで事業収支があわず実行にいたるまではいかなかった。その後、近所に2軒のボルダリングジムがオープンすることになり、それなりの先見性があり、意味のあった提案であったと言えると思っている。

その他の提案は、旧三省建設本店ビルはカジノ「199 ASANO ROYALE」に、歴史的建造物はウェディングのできるカフェ「小倉倶楽部」に、繁華街の飲食店ビルは女性をターゲットにした託児所、カフェ、美容院、ネイルサロン、岩盤浴などの集合体「まるまど紺屋町」に、旧サンリオビルは、公園のあるローカルコミュニティのビル「新しい公共施設〝ビル公園〟プロジェクト」にするという内容だった。

当初の1回目のリノベーションスクールでは、後に北九州まちづくり応援団が手掛けることとなった旧サンリオビル以外には、うまくリノベーションが実案件化しなかった。それは、選んだ不動産が大きすぎたり、歴史的な建造物であったり、エリアの特性が消化できていなかったり、不動産オーナーへのヒアリングが十分でなかったためだった。そこで、第2回のリノベーションスクールからは、私自身の友人や知り合いから遊休不動産をリノベーションスクールに出してもらうように変更して少しずつ実案件化する遊休不動産が増えていった。第1回のリノベーションスクールで採用した遊休不動産をどのようにして集めていったのかは、私は知らない。5件中2件は、私と同様に小倉家守講座に参加していた不動産オーナーの所有物件だったが、そのオーナーはマンション、一戸建てなどの新築物件や銀行から購入を依頼された大型ビルなどの取得、再生をメインの仕事にしていたので、リノベーションにはあまり興味がないようで、リノベーションスクールに関わることはその後なかった。

第2回リノベーションスクールの案件は、全て私の知り合いに頼んで出してもらった遊休不動産の物件である。元来私自身魚町商店街の生まれで、子どもの頃からの顔見知りで、私がどういう人間であるかを知ってもらっていたので、リノベーションスクールの案件として出すのはそれほど抵抗がなかったと思う。

第2回リノベーションスクール@北九州は、2012年2月16日（木）～2月19日（日）まで、前回と同じく西日本工業大学小倉キャンパスで開催された。

ユニットは4つ、受講生は各ユニット8名の32名。私は、ユニットマスターとして参加した。他のユニットマスターは貞國秀幸、木下斉、徳田光弘、佐々木達郎、田村誠邦、大島芳彦、片岡寛之、嶋田洋平の各氏。初めての試みとして、公開講座として「リノベーション市民講座」が開催された。

・「正しいリノベーション事業の組み立て方」田村誠邦氏
・「耐震改修リノベーションの今、これから」金箱温春
・「基調講演＋リノベーションスクール公開プレゼン」岡崎正信氏

リノベーションスクールに出してもらった遊休不動産の案件のすべては、魚町の私の知人、

友人、同級生、先輩の案件で、私がひとりでリノベーションスクールに案件として出してもらうように口説きに行った。商店街で一緒に事業をやったりして元々リノベーションに関心があったり、メルカート三番街について知ってもらっていたから、それなりの頭づくりはできていたように思う。

スクールを知る経緯は、SNS（facebook）によるものと企業や大学からの勧めによるものが多かった。広報としては、SNSの他HEAD研究会や過去の受講生、講師のつながりを活用することで優良な受講生を獲得できるものと思われる。

カリキュラムについては、レクチャーとワークのバランスが良かったとの声が多かった。一方、毎日のプレゼンに対し、もっと時間を取ってほしい、他のユニットの講師陣や受講生の意見がほしいという要望が多く、次回以降の課題として挙げられる。事前にユニット内の講師陣や受講生、対象遊休不動産情報を公開してほしいという要望も挙がった。

成果物については、模型も作成した第1回に比べ負担も少なく、今回のパワポ＋エクゼクティブサマリーで十分という意見がある一方で、パンフレットやパネルなどの一枚絵として案をまとめたものを作るべきだったという意見もあった。今回、パンフレットや模型の作成は、各ユニットの裁量に任せたが、次回も同様の形式でいいのではないかと思われる。また、エクゼクティブサマリーの改善が課題として挙げられる。

最終プレゼンについては、時間が足りないという意見があった。実際、10分という時間内にプレゼンが収まったユニットはほとんどなかった。

議事録については、事務局にとっては必要であるが、受講生のユニットワークではあまり活用されず負担となったわりに大きな効果がなかった。今回は、学生スタッフの人員不足であったため受講生に課したが、出来れば議事録担当の学生スタッフを配置すべきかと思われる。また、議事録を3人体制にしたことで1人1人の負担が減り、分担して作業ができたという声があった。また、参考図書についての要望があった。各講師より推薦図書を挙げていただき告知することと、メルカートの図書館にアーカイブ化できればいいのではないかと思う。

リノベーションスクールに案件として出してもらうについて、不動産オーナーにその気になってもらうのが大変難しいと、リノベーションスクールの事前セミナーなどで各地に呼ばれたときによく話を聞く。そこで、不動産オーナーの口説き方についてまとめてみた。

不動産オーナーの口説き方

不動産オーナーが私の知り合いだった場合、私一人で案件に出してもらうよう口説きに行く。そうではない場合、北九州家守舎の役員だった九州工業大学准教授の徳田先生と一緒に行くことが多かった。大学の教員と一緒に行くことで、宅建業者でもある私一人で行くよりは、信頼性が増したと思う。北九州市の職員と一緒に行くことはなかった。北九州市の職員から市や外郭団体が所有している物件を紹介してもらい徳田先生たちと一緒に訪問することが多かった。

リノベーションスクールを開催する前に不動産オーナーを対象に不動産オーナー向けのリノベーションスクールを開催する。そこで、私がセミナー講師となり、メルカート三番街を始める経緯やリノベーションスクールに遊休不動産の実案件を出してもらう際の苦労話などを話す。その中で魔法の呪文を唱えておく。「自分のビルなどの空き店舗をリノベーションスクールに出してもらうには、ある程度の知的レベルの不動産オーナーが対象となります。リノベーションまちづくりの大義が理解でき、パブリックマインドと知的レベルが同一レベルで存在しなければ、お願いしてもリノベーションスクールに案件としてだしてもらうことはできません。」こういった話を事前にしておけば、リノベーションスクールに案件を出さない不動産オーナーは知的レベルが低いことを自覚することになり、案件として出してもらいやすくなる。私を含めて、不動産オーナーは、知的レベルはともかく、商売に向いていない人が多い。商売が得意で好きだったら自分で商売しているはずなのだ。私は、小売り商売にまったく向いていない。まず、店番ができない。店の中でじっとお客さんを待っているなんてことは全くできない。だから待ち時間の多い商店街のイベントを進行させることもできない。ついでに言えば、整理整頓も掃除もできない。学校時代も教室の掃除が出来なくて、校庭のゴミ拾いをしていたくらいだ。私の経験上、知的レベルは高くてもお医者さんを口説くことに成功したことはない。お医者さんは特別の存在で、同じお医者さんしか信用しないようだと思う。いずれにしても北九州市が関与するリノベーションスクールという器があったおかげで、不動産オーナーから遊休不動産を案件として出してもらうということがより可能になったと思う。

遊休不動産を案件として出してもらえない最大の理由は、不動産が相続を経由した関係で親族の共有になっているケースがほとんどである。親族間での話し合いが、長年の行き違いで、できないもしくは賃料を安く貸し出すことへの意見がまとめきれない場合が多いので、事前に法務局で土地建物の登記簿謄本を取得しておく必要がある。その他に、不動産オーナーのテナントの経営がうまくいくのかとかの心理的負担、貸し出す前に不動産に雨漏りなどの修理が必要な場合の経済的負担、立ち合い、契約行為などの事務作業などを軽減する仕組みの構築も必要となる。このようなケースの場合、まちづくり会社＝家守会社が間に入って一括で借り上げて、テナントに転貸するということを選択することも多い。この場合、契約書に転貸借を認める条項を入れること、家賃保証のようなサブリース契約にしないこと、最初の2〜3年は投資回収のために低家賃にして営業が軌道に乗りだしたら家賃を上げる契約にするとか、家賃は低額にして、売上が一定基準を超えたら売上の何割かを家賃に上乗せするなどの一部売上歩合制度を導入することも重要だ。リノベーションスクールの回数が増すにつれて、不動産オーナー持ち込みの遊休不動産の案件が増えてきたことは間違いないし、実際の案件にならなくても不動産オーナーからお声がけいただいて、リノベーションスクール関係者が内覧しているうちにリノベーションスクールに出す前にテナントが決まってしまったということもよくあった。ビルも一種の生き物だから、シャッターを開けて人が中に入って呼吸すると、ビル内部のよどんだ空気が動いて、ビルが生き返って、テナントが決まるということもあるのだろう。

第3回リノベーションスクール@北九州になって会場を西日本工業大学小倉キャンパスから魚町三番街中屋ビルに移した。主催もＨＥＡＤ研究会から私が会長の北九州リノベーションまちづくり推進協議会となった。受講生からユニットマスター、会長へとトントン拍子に出世することになった。

第3回リノベーションスクール@北九州の案件は以下の通りである。

・尾崎繊維ビル「THE ROCOTAS」音楽スタジオのあるビル

小倉北区京町四丁目の寺町と繊維問屋街が交差する懐かしい面影とともに、温和なつながりと柔和な歴史が残る場所にある、築43年を迎えた5階建てのビル。「ROCOTA」とは、音楽「Rock」とオタク「OTAKU」をかけた造語である。「ROCOTA」が尾崎繊維ビルと京町に掲げるヴィジョンは「音楽と文化があふれたす街」。２０１２年10月20日にバイオリニスト谷本仰さんを招いてプレオープニングイベントを行い、街と観客に尾崎繊維ビルのお披露目を行って活用してくれそうな人を募集した。その後、1階は昔の大きなスピーカーが残っていたので息子さんが経営する音楽カフェに、2階は音楽スタジオに生まれ変わった。2018年11月には、1階は古着屋とカフェが併設された店舗「ハイブリット」がオープンした。

北九州家守舎と北九州まちづくり応援団がリノベーションの支援、私が司法書士として相続登記のお手伝いなどをしていたが、北九州まちづくり応援団の担当者も代わり、なんとなく疎遠になってしまった。

・古船場ビル「ABSORB」砂津川沿いにある2階建のビル

かつては地図のゼンリンやFM放送局などが入っていた浅香通り（地元の人は焼肉通りともいう）の小倉キリスト協会の隣にあるビル。間口が広く、裏口が川で屋上からのロケーションもよく、ものになりそうだったが、当時所有していた地元マンション業者がリノベーションにいまいち理解がなく、リノベーションスクール@北九州では、実案件化できなかった。その後、オリジナルキッチン、オーダーキッチン、セレクト・オーダー家具も取り扱う他のリフォーム業者では実現できないようなデザイナーズリフォーム・リノベーションを提供する「ABSORB」というビルになったのは皮肉である。

・井澤ビル「化粧屋いざわ」魚町一丁目銀天街にあるビル

江戸時代の小間物屋から続く魚町銀天街の中で一番由緒あるビル。井澤さんは、幼稚園、高校の同級生で魚町一丁目商店街振興組合の理事長でもあった。雨漏りの件で相談を受け、業者を紹介したりしたりしているうちに、2階の店舗が退去したので、リノベーションスクールに出してもらった。ビルの形状が不整形だったり、手先の器用な井澤さんが自分で雨漏りの修理をしていたり、勝手に屋上にプレハブの小屋が建っていたり、不要な荷物があふれていたが、分電盤の分岐や階段の付け替えの必要性も含め、いろいろな問題点を井澤さんが指摘するので、満足な提案ができなかった。その後、井澤さん自身がリノベーションして小分けしてカメラ店やカフェなどに賃貸している。リノベーションスクールでの提案が根底にあって、その後オーナー自らがリノベーションすることもよくあることである。

・魚町三番街中屋ビル1階及び3階、5階「女子ビル」

コンセプトは「女子の好きが集まったビル」。「女子ビル」のコンテンツとしては、1階はオーガニック系食料品店、3階はネイル、エステ、ヨガなどの美容系フロア、5階は女子会スペースで構成。女性の「好き」を集めることで、女子通り、女子エリアを形成する核ビルとして展開する。ターゲットは30代から40代の女性。そこを「セントラル女子」と定義。小倉エリアには、この世代をターゲットにした商業施設が少なく、団塊ジュニアの人口の多さとあらゆる世代（親世代、子世代）に通じる「女子」としてその吸引力に期待。顧客に対しては、ロー・プライスで質の高い商品を提供し、入居者に対しては、出店支援、起業支援を行い、女性の社会進出を応援している。魚町三番街中屋ビル1階南側の壁を撤去し、開放的なファーザードを演出することにより、魚町銀天街へ続く通りを女子がにぎわう「女子通り」に発展させ、エリア全体の女子の活気創出につなげたいという提案だった。

受講生としては、2日目以降毎朝8時までに会場に到着しなければならなかったが、会長となれば好き勝手な時間に会場につけばよいのでその点では楽になった。仕事は、開会式であいさつすること、閉会式で卒業証書を受講生に手渡すことくらいだが、それはそれで大変な作業だった。来賓の市長の祝辞の後の開会式でのあいさつは、ウケなければならないというどうでもよい使命感に駆られて、毎回のあいさつに苦心した。受講生からは、開会式で面白いことを言うおじさんとして、意識されていたし、うまくウケたときはブルースタジオの大島芳彦さんから「座布団一枚」とほめられたこともある。リノベーションスクール@北九州の予算は北九州市が支出した。清水義次氏へのコーディネート料を減らしてそれにあてたと聞いたこともあるが詳しくは知らない。

まちづくり会社のつくりかた

以前、第1回リノベーションスクール@北九州で、遊休不動産のリノベーションが出来なかったと書いたが、その原因の一つに家守会社＝まちづくり会社の不存在がある。北九州まちづくり応援団株式会社のような、北九州市が資本の100分の3を出資する第三セクターのまちづくり会社はあるが、代表取締役が北九州商工会議所の会頭、役員が副会頭だったり、名だたる地元大企業の社長だったりして、小回りが利かず、リスクも取れない。そこで小回りが利いて、リスクをとれる組織として、民間主導のまちづくり会社が必要だということを清水義次氏から嶋田洋平氏が諭されて株式会社北九州家守舎が設立されることとなった。設立年月日は、平成24（2012）年4月、最初の資本金は50万円だった。設立登記は、司法書士である私が担当した。出資額は、嶋田洋平氏20万円、遠矢弘毅氏、片岡寛之氏、徳田光弘氏が各10万円だった。代表取締役は嶋田洋平氏、その他の株主は取締役となった。私は、監査役として会社に参画した。嶋田洋平氏は、建築家、遠矢弘毅氏は、元北九州市のインキュベーションマネジャーにして、cafeカウサのオーナー、片岡寛之氏、徳田光弘氏は、北九州市立大学と国立大学九州工業大学の准教授だった。両准教授が、出資するなり、取締役になるなりについては兼業許可が必要だった。

株式会社北九州家守舎は、松永ビル5階にシェアオフィス「ＭＩＫＡＧＥ１８８１」を松永不動産から賃借して内装工事を行うにつき資金がなくて、同年8月に410万円の第3者割当増資を行う。元からの株主だけでなく、魚町商店街内の志のあるオーナー、まちづくり関係者からも増資を募った。私もこの時、50万円出資している。同年9月には、嶋田洋平氏が東京にいて、地元銀行・信用金庫から借入を行う際に、打ち合わせにすぐに東京から来られない、保証人としての実印をすぐに押せないとの理由により、遠矢弘毅氏を共同代表に迎え、資金的に小回りが利くようにした。平成27(2015)年には、魚町サンロード商店街にオープンさせた「クッチーナ・ディ・トリヨン」の内装費確保のため、取締役・監査役で100万円づつ合計500万円増資し、同時に株式会社タンガテーブルへ出資するために優先株式をまちづくり関係者に620万円募った。平成28(2016)年研究・教育に専念するため徳田光弘が取締役を退任し、東京のリノベーション仲間の青木純氏が20万円出資するとともに取締役になった。現在、資本金は1600万円、利益もわずかながら出ており、配当もしている。会社設立、役員変更、増資、優先株式の登記や株主総会の進行などは、司法書士であり、監査役である私が担当している。小規模であるが、まちづくり会社に法務部門があることは強みとなっている。

株式会社北九州家守舎も令和4(2022)年で創立10年。事業はサブリース事業のみで、従業員は、社員1名、パート1名。取締役・監査役は報酬を得ていない。株式会社北九州家守舎は、3度にわたり増資を行ってきたが、事業を開発するごとに新会社を設立すべきだったと今では思う。そうであれば、事業廃止する場合は、その会社を清算すればよいし、事業ごとに会社を設立していれば、他の会社への事業売却（M&A）や株主の事業売却（マネジメント・バイアウト：MBO）も容易だった。特に株式会社北九州家守舎自体が株式会社タンガテーブルに株式の過半数を出資して、親子会社関係になっているので、単純には株式会社タンガテーブルを清算できず、北九州家守舎が返り血を浴びてしまう結果になる。まちづくり会社も10年を過ぎるとバンドと同じく方向性も違ってくるし、会社設立当時と取締役・監査役・株主の社会的立場も変わってくる。まちづくり会社は、最初から事業売却や清算の可能性も踏まえ、出口戦略を事前に練っていかなければならなかったと今になって思っている。

第3回のリノベーションスクールから第8回のリノベーションスクールまでは、スクールの前に北九州リノベーションまちづくり推進協議会の会合を魚町三番街中屋ビル4階で開催し、リノベーションスクールの方向性、遊休不動産案件候補などを議論するとともに、北九州市内で新しくリノベーションを始めた建築士、建築業者、飲食店経営者などもメンバーに加え、リノベーションの輪を広げるための工夫をしていた。第9回以降は、コーディネーター役の予算をケチったためか、北九州リノベーションまちづくり推進協議会は開催されず、北九州家守舎取締役会において、独善的に方向性や遊休不動産の案件などが決められた。このことが結果的にリノベーションスクール@北九州が第13回で終了したことにつながったと思う。

ついでに言えば、13というナンバーは私にとっていろいろな意味でバッドナンバーであるので、それもやむを得なかったのかなと思っている。

第4回リノベーションスクール@北九州は、平成25（2013）年3月21日（木）から3月24日（日）までの4日間、魚町三番街中屋ビルで開催された。遊休不動産の案件は4件。

・平井空き地　とりまちひろば
・魚町サンロード商店街　まちのにわ・コクラッコプロジェクト
・アタゴ書店ビル　家の宝物はまちの宝物
・久光木造一軒家　つながる・そだつ・よみがえる

第4回リノベーションスクール@北九州では、初めて有料で不動産オーナー向けのリノベーションスクールも併せて開催した。

リノベーションスクールには、毎回地元の地方銀行である北九州銀行（リノベーションスクール開催に合わせたかのように山口銀行が会社分割してできた北九州に本店のある唯一の地方銀行）の地域振興部にお願いして、ブースを出していただいて、案件の事業収支評価や事業計画についてアドバイスをもらっていた。リノベーションにおいてファイナンスが重要なことは言うまでもない。耐用年数の切れたような古い遊休不動産物件に融資するわけであるから、そもそも担保価値はない訳で、代表者を保証人とする、事業収支のみを勘案したプロジェクトファイナンスによるしかない。地方銀行ないし信用金庫がファイナンスしやすいように、清水義次氏が北九州市に働きかけて、リノベーションプラン評価事業というものを作成してもらった。リノベーションプランを立ち上げて、リノベーションプラン評価選考委員会の前でプレゼンテーションして、それが合格ラインに達していれば、北九州市中小企業融資制度の「新成長戦略みらい資金」という制度融資が受けやすくなるというものである。審査委員長は、清水義次氏であったので、うちうちで審査するという意味で公正さに欠ける部分があったかもしれないが、審査としてはガチなものだった。女子ビルとして提案された魚町三番街の1階部分は、「ビッコロテラス」として3軒の特色のある店舗スペースをつくるためにリノベーションプラン評価事業の認定を受け、北九州銀行から1800万円のプロジェクトファイナンスの融資を受けた。ただし、元々中屋興産株式会社として、すでに北九州銀行から融資を受けており、根抵当権も設定していたわけであるから、純粋なプロジェクトファイナンス物件とは言えない。嶋田秀範氏が手掛けた「ビッコロ三番街」こそ純粋な意味でプロジェクトファイナンスといえたかもしれない。私はそこで、第4回リノベーションスクール@北九州の案件でもあった鳥町広場で、リノベーションプラン評価事業の認定を受けてみて、北九州銀行に融資を申し込んでみた。メルカート三番街の隣地の焼け跡の地主から魚町サンロード商店街のまちづくり会社「株式会社鳥町ストリートアライアンス」が地代10万円で賃借して、予算500万円で地上にコンテナハウスを建設して、株式会社北九州家守舎に賃貸してオープンカフェを運営する。家賃は、15万円と売上額の10%の大きい方。10年返済の予定だった。リノベーションプロジェクト評価事業の認定は受けたが、新成長戦略みらい資金の融資を受けることは出来なかった。福岡県保証協会の審査が通らなかったためだ。スキームが単純でなくて、理解出来ないというのである。そんなに難しいスキームとは思われないが、福岡県保証協会が石頭過ぎて審査が通らなかったのだ。結局、日本政策金融公庫の開業資金の融資を受けてコンテナカフェの営業にこぎつけたのだった。いずれにしてもリノベーション事業について、ファイナンスは重要な部分で、ここに補助金を入れてしまうと事業の収支計画があいまいになり、事業者の責任感が失せてしまう。

第5回リノベーションスクール@北九州（リノベ祭り2013夏）は、平成25（2013）年8月15日（木）～18日（日）までの4日間、魚町三番街中屋ビルで開催された。

遊休不動産の案件は5件。

・小池ビル（小倉北区田町の弁護士が多数入るオフィスビル）
・第二喜久田ビル（小倉北区吉野町の4階建てマンション）
・ナカノテツビル（小倉北区米町の手芸店が所有する隣接した複数のビル）
・百万両ビル（小倉北区魚町二丁目の生地店所有の5階建てのビルの地下の食堂街）

・魚町三番街中屋ビル（シェアオフィス部分の4階をセルフリノベするコース）

第6回リノベーションスクール@北九州（リノベ祭り2014冬）は、平成26（2014）年3月20日（木）から3月23日（日）の4日間、魚町三番街中屋ビルで開催された。北九州家守舎は、北九州市の起業支援型地域雇用創出事業の助成金を得て、職員を4名ほど雇用し、絶頂期にあったので、過去最大規模で第6回リノベーションスクール@北九州を開催した。起業支援型地域雇用創出事業の期限は1年間、その間に事業を軌道に乗せ、雇用を維持することを目的としていた。新規雇用した北九州家守舎の職員には、1年間で自分の給料を稼げるだけの事業を作り出せというミッションを与えておいた。それほどハードな勤務体制ではなかったと思うが、うつ病になって体調を壊す職員が続発して、文字通り「死して屍拾うものなし（by大江戸捜査網）」の状況になってしまった。

不動産オーナー向けリノベーションスクールでこのような質問が出たことを覚えている。「リノベーションによる遊休不動産の活用は、非常に有意義だということはよく分かりました。しかし、大手企業が参入してきたら私たちのような中小企業の事業は吹っ飛ばされてしまうのではないですか。」世の中には、創業者利益、先行者利益、というものを知らない人がいるらしい。リスクをとって誰もやったことのないことをまず初めて行うことによって創業者利益、先行者利益を得ることができるのだ。魚町商店街なり、中屋興産株式会社は、そのようにして生き残ってきた。リノベーションまちづくりをやりたくない人は、普通では思いつかないような「やらない理由」を言いだすことがよくある。要はやりたくないだけなので、どうしてやりたくないのか、その理由は何か、やりたくない原因をひとつひとつ埋めていっても、新たなやりたくない理由、原因を持ち出してくるので、やりたくない理由、原因を突き詰めていくことは全く意味がないと思っている。反対する人を口説く暇があったら、新しい不動産オーナーを探したほうが良い。私自身、リノベーションまちづくり、エリアマネジメント事業、SDGs商店街事業において、なぜそれを始めたのか、躊躇することはなかったのかという質問をよく受けるが、それぞれ表向きの公式な回答はもってはいるものの、実際のところ「面白そうだったからやってみた」「親しくなりたい人と楽しいと思えることをやってみた」としか答えようがない。

第7回リノベーションスクール@北九州（リノべ祭り2014年夏）は、魚町三番街中屋ビルと小倉魚町周辺各所を会場に平成26（2014）年8月21日（木）から8月24日（日）開催された。第7回のリノベーションスクール@北九州から国土交通省が官民共同で行うリノベーションに関わる人材育成と遊休不動産の再生を図るという「北九州方式」のリノベーションまちづくりが全国の中心市街地の空洞化解消、地域活性化への切り札になりうるとして、支援を開始した。スクール終了後の9月1日（月）北九州家守舎のメンバーが国土交通省の「新たな時代の都市マネジメント小委員会」（第2回社会資本整備審議会）に招かれ、嶋田洋平氏が「北九州方式」の取組みと成果を報告し、正式に国策となって、リノベーションスクール卒業生を中心として静岡県熱海市、和歌山県田辺市、和歌山市などでリノベーションまちづくりが水平展開されるようになった。

6 北九州方式のリノベーションまちづくり

「北九州方式のリノベーションまちづくり」とは、民間主導によるボトムアップ型のまちづくりだ。家賃断層線の外にある手ごろな遊休不動産が集積する、歩いて体感できる200m～300mくらいのスモールエリアを設定する。「敷地に価値なし、エリアに価値あり」の観点から、リノベーションスクールを通じて、スモールエリアの遊休不動産、低利用・未利用、空き家、空き店舗、空きビルのみならず、利用度の落ちている道路、公園を活用してエリアを変える。同時に民間主体、民間自立型のエリアマネジメント会社、まちづくり会社を設立して、補助金に依存しない投資と回収のサイクルによって、自立するスモールビジネスを行う都市型産業を集積させ、エリアのにぎわいづくりと活性化を行い、それを水平展開して、他のスモールエリアに伝播させ、民間自立型の「小さいリノベーション」と地方公共団体が行う「大きいリノベーション」の相乗効果により、地方都市の経済的再生を図るものである。

元来、北九州市でのリノベーションまちづくりは、国土交通省の「新しい公共」の予算から始まっている。遊休不動産の再生を図り、都市型産業を集積させることによりまちづくりを行うもので、単なる商店街の再生手法ではない。北九州市内のとある商店街組合の理事長から「リノベーションで商店街は再生しない」と面と向かって言われたこともある。おっしゃる通り、リノベーションまちづくりは商店街再生の手法ではない。結果的に北九州市では、魚町商店街が再生できたということだ。もし、リノベーションまちづくりが商店街再生の手法として、経済産業省の中小企業庁の予算で始まっていたら、このようにリノベーションまちづくりが全国に広まってはいないと思われる。中小企業庁の商店街関連の予算は30～50億円程度だから1回のリノベーションスクールに250万円から400万円かかるリノベーションスクールを13回も続けられなかっただろう。最初の1回だけ補助金を活用して行うことができてもその後は自己資金で行えということになっていたと思われる。中小企業庁の商店街関連の予算は、先進性、モデル性、継続性が求められるので、補助金を活用せず、自己資金での継続を求められることから、1回の補助金交付で終わったはずだ。ついでに言うと、東京都の商店街関連の予算も同じ30億円規模だ。したがって、商店街アーケードの電力は、100％都の負担、まちゼミも開催する度に何回でも100万円の予算が付く。商店街がLED照明を整備しようとすれば125％の補助金が付く。LED更新の費用も最初から整備の補助金に入っているらしい。地方では、商店街アーケードの電力は100％、商店街負担。まちゼミの予算も最初の1回のみ。LED整備の予算は、福岡県から20％、北九州市から20％の合計40％だ。東京都と地方都市ではこれくらい補助金のレベルが違う。もとより人口も違うわけで、これではまともな競争はできないと思われる。商店街アーケードの維持管理、撤去を含めて中小企業庁の少ない予算の中からは支出できないので、国土交通省のまちづくり関連の予算から支出することが必要と思われる。国土交通省のまちづくり関連の予算を取得しようとすれば、都市計画のマスタープランの中に位置付ける必要があるが、商店街関連はたいがい経済産業省マター（北九州市で言えば産業経済局マター）になっているので、その中に組み入れることは、行政組織の縦割りを壊す必要があり、かなり難しい。北九州市においても当初リノベーションまちづくりは、建築都市局マターで始まったものが、結局商店街再生手法として産業経済局マターになって、予算が続かず、小倉でのリノベーションまちづくりは終了することになった。

第8回リノベーションスクール@北九州（リノベ祭り2015冬）は、平成27（2015）年2月12日（木）～2月15日（日）、魚町三番街中屋ビルで開催された。事業計画コースは8

件、魚町サンロード商店街を対象とした「公共空間活用コース」、公務員の意識改革を目的とした「公務員リノベーションコース」、高断熱住宅への改装を目指した「セルフリノベーションコース」が開催された。

事業計画コースは8件。セーターやダウンジャケットを断熱材として活用したり、空き缶を活用したヒーター、ソーラーパネルを設置したオフグリットの高気密高断熱住宅にリノベーションするセルフリノベーションコースが1件。アーケード撤去後の魚町サンロード商店街の市道を公共空間としてどう活用するのかという公共空間活用コースが1件。まちづくりや新産業戦略を担う公務員の意識改革を目的として、公務員自身をリノベーションする公務員リノベーションコースが開催された。公務員リノベーションコースは、魚町三番街中屋ビル5階の20畳の和室で、松下村塾のような寺子屋方式で行われた。私は、4階のイベントホールで行った方がいいのではないかと提案したが、やはり寺子屋方式の方がいいそうだった。

事業計画コースは以下の8件。

・**ベラミ山荘**：北九州市若松区高塔山の中腹にある3000㎡近い広大な敷地を持つキャバレー「BELAMI」の元従業員寮。当時、横浜、神戸に次ぐJAZZ文化を誇った若松にふさわしい、JAZZ文化を再生させるために「JAZZYLIFE in WAKAMATU」が提案された。「若松に活気を取り戻そう、JAZZ文化をベースに」を合言葉に、ミュージシャン向けのシェアハウス、スタジオ、共用ラウンジなど。なお、リノベスクールでは実案件化できなかったが、現在は地元住民によるシェアハウス、イベントスペース、アートスペース、映画資料館、本屋などとして活用されている。

・**北九州市立商工貿易会館**：北九州市小倉北区旦過市場出口付近にある公共施設。1階フロアと前庭が案件となった。このエリアは子育て世代と高齢者が混在するエリアで、世代間格差が存在する。事業化プランとしてガラス張りの内部と外部を一体化した前庭の芝生化、植樹、キッチンカーなどの誘致が提案された。なお、前庭地下は、神嶽川の洪水を防ぐための用水池となっており、土を入れたり、自動車などの重量物を搬入することができない。このため、地元飲食店業者による夏場だけのバーベキューガーデンとして活用されている。

・**北九州国際会議場**：北九州市小倉北区浅野（JR小倉駅北口）にある「プリツカー賞」を受賞した建築家・磯崎新氏設計による建築物。年間5億円の管理費が必要なのに対して、収入は3億円、年間2億円の赤字を垂れ流している。事業化プランとして、JR小倉駅北口は、サブカルをテーマとした漫画ミュージアムやあるあるシティなどがあることから「大ホール」は、席を取り払ってライブハウスにし、コスプレなどの都市型イベントを誘致して手がける会社「ハーバーピーポー」を設立する案が提案された。有名建築家の手による建築物なので、ゴミ箱一つ動かすにも許可が必要で、案件の実現化はできなかった。

・**小倉荘**：小倉北区香春口にある老朽化した2階建ての木造アパート。すでに住んでいる高齢者とともにつくるサイクルカフェを併設したシェアハウス「KATARUNO」が提案された。若者と高齢者が同時に住むことで社会的意味を込めている。Airbnbなど人的交流が進む仕掛けも導入する。あまりに老朽化している古アパートであり、高齢者も住んでいるため実案件化しなかった。成年後見制度などの高齢者保護のシステム、地域包括センターとの連携などの知見が足りなかった。

・**魚町サンロード商店街内の元雑貨屋の空き店舗**：メルカート三番街の隣にある一階が6坪ほどの2階建ての木造店舗。メルカート三番街にあこがれて若手の女性が雑貨屋を開店したが、家賃に比して売上が芳しくなく閉店にいたった。魚町サンロードは、アーケードの撤去及び緑化が予定されており、エリア全体のイメージが変わりつつあることから、新しい業態として「中古ベビーカーの取り扱いとそのカスタマイズ」を行う店舗が提案された。オーナーが高齢・無職の女性で社会経験も少ないことから、家賃を下げてのリノベーションに興味を示さなかった。結局、私が不動産業者として少しだけ家賃を下げた魚町サンロード商店街内にある和食店の2号店を仲介、入居にいたった。

・**井野屋ビル**：魚町サンロード商店街内にあった、地上5階の床面積1778㎡の大型商業施設。所有者が民事再生後地元の不動産会社が買い取った。郊外型ショッピングモールと違い、魚町には雨の日に行ける施設がないことから「屋台、ピクニックフロア、デリカッセン、カフェ、パン工房、シェアオフィス、シアター、貸しスタジオなどの複合商業施設が提案された。駐車場にした場合との比較では意外に高収益物件となったが、地元不動産会社は、リノベの大義や収益性、将来像を理解できず、結局は約1億円をかけて、建物を解体、駐車場になった。その後、このエリア2200㎡が再開発事業の対象となり、建物を解体したため、補償費が土地部分のみとなり、後悔しきりとのうわさがある。

・近藤会館：小倉北区魚町と船場町の中間の角地にある5階建ての商業ビルの3階フロア。小倉のファッションや文化をテーマにしたライフスタイルマーケット、小倉織を素材にしたスニーカーや服などを商材とする「3LKOKURA」が提案された。この案件の場合、小倉の名産品である小倉織を発見した段階で、思考回路が停止してしまったかのように見えた。なぜ、いったん製造が途絶えていた小倉織が小倉の名産品となったのか、そこにいたる私の親戚筋にあたる築城則子氏の苦労により、いかにして小倉織の商材は作られ、どのような方法で販売されているのかの洞察にまで至らなかったのは、残念だった。一つの商品にも物語がなければ有名にならないし、それは遊休不動産の活用におけるリノベーションであっても同様だ。

公務員リノベーションコースは、公務員自身のリノベーションがリノベーションまちづくりにとって重要であり、リノベーションの意識改革が不可欠ということで、「一般社団法人 公民連携事業機構」の設立につながっていく。リノベーションスクールにおける公務員によるプレゼンテーションは、「地元に帰って一人でもやるぞ」というその前向きの姿勢、勢い、迫力から、リノベーションスクールの名物となっていった。ぜひともリノベーションスクールでの公務員のプレゼンテーションをアーカイブでご覧になってほしい。

7

空き家が出れば外部資本による開発が行われるステージへ

1回目のリノベーションスクール@北九州から8回目のリノベーションスクール@北九州までその概要を長々と説明してきたわけだが、第9回以降は、なんとなく流れに沿って行われてきたように思う。城野団地や法師庵団地のリノベーションや再生に取り組んだり、北九州市内の門司区、若松区、八幡西東区でのリノベーションに取り組んだりしたが、特に新しい取組みが始まったわけではない。第12回のリノベーションスクール@北九州は、「さよならリノベーションスクール」として開催され、第13回のリノベーションスクールは、「帰ってきたリノベーションスクール」として開催された。それが結局最後のリノベーションスクール@北九州となってしまった。リノベーションをやりすぎてリノベーションできるような遊休不動産がなくなってしまったこと。民間所有の空き店舗などのリノベーションから、道路、広場、公園などの公共空間のリノベーションを経て、空き店舗ができると外部資本が空き店舗を買い取って、解体して新しいビルを建てる、もしくは再開発事業がはじまるなど一時的な活用方法であるリノベーションから外部資本の導入による新ビル建築、再開発など新たなステージに突入したことが表向きの理由として挙げられる。では、リノベーションスクール@北九州が終了するに至った本当の理由とは？　書きたくはないが書かねばなるまい。簡略化していえば、リノベーションスクールによる都市再生の取り組みが各種の賞を受賞し、国土交通省から全国50都市に水平展開するようにミッションを授けられ、高額な助成金を獲得するなかで、北九州家守舎が頭でっかちになってしまった。天狗になり、リノベーションに最初からたずさわってくれた優秀な北九州市職員が移動で去り、有能でもない職員が上層部に来て、予算の獲得が難しくなり、それでもって北九州家守舎が北九州市当局を軽んじ、行き違いが生じた。ある人間をリノベーションに関わらせるなということになって、最終的に決裂したということだろう。設立から10年を迎えようとする北九州家守舎もバンドと同じく方向性の違いもみられるようになり、覆水盆に返らず、2度と小倉魚町でリノベーションスクールが開催されることはないと思われる。

8 リノベーションスクールなしでもリノベーションまちづくりはできる

現在、日本各地70ヶ所を超える都市でリノベーションスクールが開催されている。「株式会社リノベリング」という組織がそれを担ってはいるが、1ヶ所1回につき1000万円を超える予算が必要なケースもあり、財政の厳しい自治体には開催が困難な状況も生まれている。リノベーションスクールを開催することで、リノベーションまちづくりが進行することは間違いないが、そればかりが絶対条件ではないように思っている。実際にリノベーションスクールを開催せず、講師役1名ないし数人と地元協力者のみでリノベーションまちづくりを進めている自治体、都市も数多く存在する。リノベスクールの講師役となった有名建築士・建築家にリノベーションを依頼すると、デザイン的に素晴らしいものができるが、予算との兼ね合いもある。某有名建築家にこのくらいのお金持ちならこれくらいは請求しないといけないと聞いたこともある。リノベーションは、投資回収は長くて5年、改装費は坪7〜8万円、設計料は少し高くて総工事費の15%が相場となっているようだ。しかしながら、DIYなどできるだけお金をかけないのがリノベーションの本質なのだが、そうそうばかり言っていては建築士、建築家は十分なインカムを得ることが出来ない。建築士、建築家は、狩猟民族的に新たな獲物＝仕事を常に獲得していかなければならず、一つの場所にそれほど長くかかわっていくことはできない。職業的にリノベーションまちづくりを続けるには難しい問題が存在する。

9 リノベーションスクールによって再生された実案件

それでは、リノベーションスクールの題材に挙げられて、実際にリノベーションされた事例をいくつかご紹介する。

MIKAGE1881　空きビルフロアを「3分の1ルール」モデルでシェアオフィスに

魚町商店街振興組合の同じ事業委員会のメンバーで祖父の代から互いをよく知っている松永さんに最初にお願いした。以前は、テナントとして飲食店が入っていたが、その後15年間は空き店舗だった松永ビル5階の50坪ワンフロアをリノベーションした。オーナーは投資せず、当初の賃料、30万円の家賃を5万円に値下げしてもらい、まちづくり会社である株式会社家守舎

シェアオフィス「MIKAGE1881」(撮影:北九州家守舎)

が内装費として約400万円投資。北九州市で最初のシェアオフィスをオープンした。コピー機などは設置せず、設備は最低限にして、その分家賃水準を低額にした。入居者で自治会をつくり、毎週火曜日に昼食をともにとることで、意見・情報交換しながらフロアを管理している。シェアオフィスの総家賃は約35万円、3分の1ルールを適用してオーナーに支払っている家賃の5万円を控除し、30万円を3等分して、3分の1は、北九州家守舎の内装投資の回収資金、3分の1は、オーナーに下げてもらった家賃の補填として支払い、残りの3分の1はまちへの再投資の資金としている。この事業の成功により、北九州市には数々のシェアオフィスが設立されるにいたった。最初、契約書を松永さんの顧問弁護士に持っていったところ、松永さんをだますつもりかと怒られたのも思い出の一つだ。

三木屋カフェ　朽ちた古民家を「ワークショップ」の魔法でカフェに

私の2年先輩で子供の頃、よく遊びに行っていた三木さんのお店の裏の自宅のリノベーション。母屋の反対側の離れの家屋の一部の屋根が落ちて朽ち果てているのを知っていたので、三木さんに北九州市の家屋解体の補助金を活用しませんかと訪ねていった。母屋と離れの木造2階建ての家屋が2軒中庭を挟んで向かい合っており、離れの方は雨漏りで屋根だけでなく、床まで朽ちて落ちていた。ワークショップという魔法の言葉があり、その言葉を活用して大学生をお片付けワークショップという名目で集め、必要不要を分類しながら、不要な荷物を撤去、ゴミとなったものは解体業者に依頼して、北九州市のゴミ焼却場に運んでもらった。その後は、「お好み焼きのいしん」さんを呼んで、お好み焼き、焼うどんなどを作ってもらいつつ、中庭でバーベキューパーティをした。ワークショップという魔法の言葉で大学生を集めるのに最初に成功した事例だ。ブルースタジオの大島芳彦さんにデザインを依頼して、30年以上空き家だった古民家をリノベーションした。前面は魚町銀天街に面する店舗、奥はオーナーの住居だった。解体寸前の古民家をリノベーションスクールの題材に挙げてもらい、当初はレンタルスペース魚町の庭としてオープン。結婚式の2次会、落語会、演劇会、音楽会、新年会・忘年会の会場として活用していたが、隣近所から騒音問題で苦情が出て困っていたところ、あまりに感じがよいので、オーナーの三木さん自らがカフェとして再オープンした。魚町の隠れ家的な存在で、TV・雑誌の取材は基本的にお断りしているが、それでも満席の状態が続いている。三木さん自身は、テニススクールを持ち、熊本市内にも2号店をオープンさせている。

ポポラート三番街　区画貸の出店契約でビルの空きフロアが手づくり作家の工房・店舗に

私の自社ビルである魚町三番街中屋ビルの2階の、リノベーションシンポジウムを開催したフロア約１００坪をリノベーションして、イタリア語で人が集うという意味のポポラート三番街と名付けた。ものづくりのまちである北九州市の特色を活かし、手作り作家のための工房・店舗として再生した。普段は、家で小物を手作りしている主婦層にまちなかに出てきてもらうことで、魚町商店街の起業者を増大させた。

1坪〜2坪程度に小分けされた店舗に約20組の新規起業者が入居、まちに出てくることで刺激もあり、同業者とのコラボなどでクリエイティビティも高まるという仕組み。魚町サンロード商店街で手作り作家のマルシェを何回か開催し、手作り作家を集めた。内部的には、ポポラート会を作って自主的に施設を運営してもらっている。定期的に有名デパートのバイヤーを呼んで接客・ディスプレイなどの指導もしてもらっている。クリエイティビティの高い人は、東京・大阪・福岡などの有名デパートで展示会なども開催できるように

手作り作家の工房・店舗「ポポラート三番街」(撮影：中屋興産)

なってきている。小倉駅ビル内に店舗を新たに構えたりとプチ起業のインキュベーション施設としての役割も充分に果たしている。

契約としては、建物賃貸借契約ではなく、区画貸の出店契約として、退去予告は1ヶ月前。貸主側から退去を求める時も1ヶ月の予告期間を置けばよく、正当事由も必要なく、民法第601条に定める物の使用及び収益を相手方にさせる義務を排除し、賃貸借契約のように貸主側に貸すにふさわしい状態にしておかなければならない義務を免除させている。家賃は、魚町商店街の建物2階における世間的相場の坪8000円、共益費も坪1800円としているが、賃貸面積が小さいので、出店する側の負担は少なくなっている。また、中央に6坪程度の集合工房をつくり、そこで作業やセミナーもできるようにしている。男性が数名と女性が十数名入居しているので、それなりの苦情、お互い同士の不仲などの問題も起きる。オーナーの人間力が問われると同時に、入れ替わりも激しいので、不動会会社に任せることはできず、自ら面接、契約をこなさなければならないので、事務作業の不得意なオーナーは、このような施設の運営には苦労すると思われる。メルカート三番街もそうだが、ポポラート三番街では基本的に他の不動産会社に入居の募集を行わない。入居者の紹介によるものがほとんどである。それでいて、両施設ともほぼ満室が続いている。

タンガテーブル　民都機構の出資も得て空きビルフロアがゲストハウスに

私の小中高校の同級生の洞くん所有するビルの4階が長い間空いているのを知っていたので、洞くんを訪ねていって第6回リノベーションスクールの題材に出してくれないかとお願いした。以前は学習塾だったが、20年近く空き店舗だった。北九州市の台所旦過市場に隣接したホラヤビルの4階150坪をリノベーションした。国土交通省の協力を得て既存不適格証明書を取得し、建築確認済証のないビルの用途を事務所から旅館に変更。平成27（2015）年8月、北九州をあじわうゲストハウスとして「タンガテーブル」がオープンした。バックパッカーなどが気軽に泊まれる47床のゲストハウス。カフェでは新鮮・安全な旦過市場の食材を使った料理を提供し、宿泊客に喜ばれている。内装費については、北九州家守舎、ホラヤビル、東京のリノベーションまちづくり関係者に出資してもらうと同時に、一部前面道路を緑化するということで、一般財団法人民間都市開発推進機構の出資と民間金融機関からの借入を合わせて6100万円かかっている。民都機構は本来なら、東京スカイツリー・

ゲストハウス「タンガテーブル」

六本木ヒルズのような数百億円規模の優良な民間都市開発事業を支援するものなのだが、タンガテーブルのような小規模事業に出資したのはこれが初めてだそうだ。旦過市場は、神嶽川にせり出しているが、ホラヤビルも道路上にはみ出している。それでいて、建築確認が下りているから不思議だ。したがって、既存不適格証明書の取得には非常に苦労した。当時はリノベーションスクール華やかなりし頃で、産業経済局サービス産業政策課にリノベーション担当部署を作ってもらい、彼らと「タンガテーブル」開設にあたっては、同行してもらい、建築指導課、消防局、保健所と一緒に交渉した。近年の中国、韓国との摩擦やコロナ禍にあって宿泊客の激減、カフェの営業自粛などで、「タンガテーブル」自身大打撃を受けているが、同級生の洞くんの好意により家賃を10分の1程度に下げてもらっているので助かっている。

comichi香春口　管理者も入居して古い長屋を若い女性の集まるスポットに

魚町商店街から、南に歩いて約8分程の距離に中島・香春口《かわらぐち》エリアはある。昔は小倉炭鉱の住宅があったなどして、古い木造住宅、古アパートなどが立ち並んでいた界隈だった。近年になって地域の利便性が見直されて、マンションが数多く建設されるようになり、子どものいるファミリー層が多く住むようになってきた。それでいて、おしゃれなカフェや雑貨店はほとんどないという状況だった。私の遠い親戚筋にあたる映画館の店主が持っていた10軒長屋、それは炭鉱労働者などが立ち寄る居酒屋ばかりだったのだが、1軒だけ居酒屋が営業していた。北九州家守舎が不動産オーナーから固定資産税程度の家賃で借り上げ、400万円程度の内装費を支出して、最低限のリノベーションをすることになった。顧客ターゲットは、近隣のマンションに住むファミリー層のお母さま方。テナントは、それに対応するように子育てがいったん終了した若い女性が営業する美容院、鍼灸店、カフェ、雑貨店、英語教室などに。それにより、地域の若い女性が気楽に集まるコミュニケーションスポットが完成した。

女性が集まるスポット「comichi香春口」(撮影：北九州家守舎)

当初は、北九州家守舎が運営するカフェが入居しており、他の入居者とともに管理運営に携わっていた。近くに管理者がいない場合は、このような形で管理者がテナントの一部に出店することで管理運営に携わる方がよいと思われる。最初から自治会方式にしてしまったら、テナントだけでどのような方向性に進んでしまうかわからず、コントロールできないからだ。

第二喜久田マンション　住宅街のマンション4階を地域初のシェアハウスに

comichi香春口からほど近い吉野町、歩いて3分ほどの住宅街にある小さなマンションである第二喜久田マンションをリノベーション。喜久田さんは、もともと吉野町や黄金町の大地主で、私とは遠い親戚関係にある。1階は、店舗で2階から4階は1フロア2戸の住宅。

シェアハウス「コクラス」(撮影：北九州家守舎)

1階も長らく空いていたところ、メルカート三番街に入居していた小倉経済新聞の大谷さんが、英語教師だった奥さんの協力を得て、将棋の藤井聡太九段も受講したというモンテソーリ教育の保育園を開業したいというので、入居してもらった。2階、3階は普通のアパート、そして、リノベーション物件に入居している人を中心に住んでもらっている。エレベーターがないので、入居者が付きにくい4階は、リノベーションスクールのユニットマスターを務めた坂田夏水さんに設計、監修してもらった、北九州市にないオシャレなシェアハウス、小倉で暮らす「コクラス」として開設した。シェアハウスの文化のない北九州市において、シェア文化を広めようと開設したわけだが、入居者募集には苦労している。女性専用、男女共用、専門学校の寮などを経て、4名前後の女性専用シェアハウスとして安定してきている。入居者のリーダーとなるような北九州家守舎の職員を育成できなかったのが、苦戦の原因である。

その他、喜久田さんの持っている一軒家（隣は、熊本地震で崩壊した特定空き家。建物登記がなくて、所有者不明のため所有者による解体も北九州市による代執行もできない）は、外観だけ白く塗って入居者の募集をかけたところ、写真スタジオとして借りてもらうことができた。2階建ての2軒長屋の1軒は、リノベーションスクールにおけるＤＩＹの対象物件として、高気密・高断熱のオフグリットの住宅として、断熱住宅に興味を持っている大学生に借りてもらっている。また、空き地は「パーリー農園」と名付けて、ｃｏｍｉｃｈｉ香春口で北九州家守舎が経営していたカフェの食材を育てる予定で、雑草を食べてもらおうと山羊を飼ったところ、臭い、うるさいとご近所から苦情が出て、農園ごと断念した。

北九州まなびとＥＳＤステーション　元ゲームセンターのビル地下が教育の場に

魚町三番街中屋ビル地下1階は、もともと中屋興産で160坪ほどのゲームセンター「anan」を経営していた。私自身も父とゲームセンターの経営に関わりながら、毎朝の集金や銀行への入金。両替機への現金の補充、閉店業務に携わっていた。ゲームセンターは、年中無休で日曜から木曜日は9時から22時まで。金曜日、土曜日は23時まで。元日だけが10時から18時までの営業だった。週86時間勤務、労働基準法に定められた週40時間で計算すると月間の残業時間は200時間近い。16時になるとようやく今日も仕事の半分が終わったと思っていた。ゲームセンター終了後、晩ご飯を食べて、お風呂に入って、就寝したらあっという間に目が覚める、そんな暮らしの連続だった。平成6（1994）年11月から、平成18（2006）年11月までそのような暮らしをしていた。

最初はゲームセンターも儲かっていたが、テレビゲームの発展でアーケードゲームは下火になり、平成18（2006）年閉店した。その後は、まったくの空き店舗となり、「幸せの経済学」という自主製作映画を上映したり、「街じゅうアートin北九州2012」の展示会場にしたり、「対岸の火事」の演劇会場にしたりとしていた。

北九州学びとESDステーション

ちょうどその頃、魚町サンロードにあった北九州市立大学の学外キャンパスが発展的に解消し、北九州市内にある10大学の合同学外キャンパスを中心市街地に設けることになった。たまたま北九州市立大学での実務担当者の教授が私の大学の後輩だったので、魚町三番街中屋ビルの地下に「北九州まなびとＥＳＤセンター」が平成25（２０１３）年3月に大学生の地域貢献活動、課題解決型事業の拠点、社会人のリカレント教育の場としてオープンした。十分な家賃をもらえることになっていたので、補助金の対象外となる内装費の１５００万円ほどは中屋興産が負担した。その後、運営は北九州市立大学から北九州ＥＳＤ協議会に移行し、予算が獲得できないとして、家賃が最初の4分の1程になってしまい、借入金の返済に苦労することになった。「気をつけよう甘い言葉と補助金目当ての設備投資」

ピッコロ三番街

ピッコロ三番街　空きビル1階がインキュベーション施設に

ピッコロ三番街は、魚町三番街中屋ビルの1階にある商業施設。魚町三番街中屋ビルは、魚町商店街と魚町サンロードの両方の商店街に面していることから、両方の商店街の回遊性を高めるという意味からイタリア語の路地裏という意味のピッコロ三番街と名付けた。魚町三番街中屋ビルの家守である嶋田秀範氏が管理している。

魚町商店街側の商店街の風景が変わらないことから、1日単位でイベントに賃貸する15坪ほどの「三番街自由市」を設けた。日中は、北九州市外の道の駅などから持ってきた野菜を販売し、夜は屋台を入れて1日に2度売上歩合を含む家賃をもらっていた。その他、規格外野菜を売る農業支援団体の「アルク農業サービス」や料理教室や習字教室、セミナーなどに活用できる「あぶくりキッチン」、元々中屋商店は金物屋だったのでその歴史を受け継ぐ「中屋商店 by あぶくり」、小さいスペースを借りたいという要求の多い占い店、若者の集う飲食店が集まる新旦過から移転してきた飲食店などがある。

また、中央の通路沿いには、1日1テーブル2000円で出店できる新企業家スペースなどがあり、魚町三番街中屋ビルが、インキュベーション施設としての活動の起点となっている。

ピッコロテラス　空きビル1階がSDGs的な路面店の集まる「女子ビル」に

平成24(2012)年8月に開催された第3回リノベーションスクール@北九州において「吉里・嶋田ユニット」によって魚町三番街中屋ビル1階・3階の事業再生プラン「女子ビルと女子通り構想」に基づき、魚町三番街中屋ビルの南側壁面をぶち抜いて、通りから入ることのできる店舗を3軒設けた。オープンは、平成27(2015)年6月、建築費は、約1800万円。

「リノベーションプラン評価事業」に基く北九州市の制度融資「新成長戦略みらい資金」を活用したプロジェクトファイナンス。家賃の坪単価は、1万7000円、共益費が坪3000円とほとんど世間的な相場だ。工事にあたっては、近隣から騒音で苦情が出たり、あいつばかり補助金をもらっているのではないかと情報公開請求（コピー代だけで1万円かかったそうだ）を受けたり、告発があって小倉北区まちづくり整備課からテントが道路にはみ出しているからと道路占有料の支払いを求められたりした（他のビルは支払っていないと思う）。

入居者はフェアトレードの商品や賞味期限切れ間近の商品を扱う「DGプランニング」、添加物を用いない自然食品を使った料理を提供したり、マクロビ、ビーガンなどを提供する「自然工房めぐみ」、自ら釣った魚を使った料理を提供するカフェの「コスタリブレ」など特に選んだわけでもないのに不思議と私の嗜好にあったSDGs的な店舗が入居することになった。これも天の配剤、不動産オーナーのパブリックマインドが問われるところだと思う。

SDGs的な店舗が集まる「ピッコロテラス」

シェアカフェQuota　空きビルがDIYでカフェ起業者のためのインキュベーション施設に

魚町商店街に昔ながらの喫茶店がなくなり、ドトール、プロント、スターバックスのようなナショナルチェーン店ばかりになったことから、商店街への喫茶店出店を増やそうと企画した。吉原住宅さんが福岡市博多区で経営していたシェアカフェを見学して意を決し、平成28（2016）年度の北九州市「いきいき健康生活　応援！新サービス創出事業」に応募し、無事選考され、助成対象経費233万5000円のうち150万円の助成金を受けることができた。材料を購入しDIYでカフェのカウンターやテーブルを作り、冷蔵庫、電子レンジ、食器などを取りそろえた。保健所の許可をとり、食品衛生管理責任者の講習を受けて、カフェをやりたい人は食材だけ準備すればよいところまでしつらえた。当初は、北九州家守舎がcomichi香春口で経営していたカフェ「ボタニカルカフェ」を受け継ぐ形で職員ともどもカフェ営業を経験しながら、カフェ営業について勉強し、その後シェアカフェとして正式にオープンさせた。平日は、1日2000円（消費税別）と共益費200円、土

シェアカフェ「Quota」

日祭日は、１日３０００円（消費税別）と共益費３００円。月の内、土日を中心に半分くらい稼働している。中には、近隣の商店街や魚町商店街内にカフェをオープンさせた人も４人ほどいて、カフェ営業新規起業者のためのインキュベーション施設としての一定の役割は果たしている。

こぼれ話

メルカート三番街の火事と再生

魚町三番街中屋ビル本体側のＲＣ構造地下１階地上５階建てのビルは、１階のゲームセンターと５階の私の事務所以外はすべて空いていたので、平成24（２０１２）年３月、嶋田洋平氏は、ギャラリーエレベータ事業の一環として、ビル全体を劇場とみなして演劇をやってはどうかと提案してきた。劇団は、横浜市を中心に活動する「ペピン結構設計」という小劇団だった。「ペピン結構設計」は、平成11（１９９９）年、慶應大学の学生を中心に結成され、横浜を活動拠点とする演劇カンパニーだった。劇団のポリシーは、メンバー各々の日常の問題意識を作品に反映させること。代表の石神夏希氏は、半年前から数度に渡り、魚町商店街にロケハンに入り、商店主などのインタビューや、商店街・市場でのフィールドワークを通じて、まちの記憶を掘り起こし、物語が中屋ビルの小さなエレベーター空間からビル内部へ、そしてまちへと広がっていくような移動式の公演形態をとった。私は、北九州市文化振興基金奨励事業として市の助成金を得るなどしてサポートした。

「対岸の火事」という題名は、昭和27（１９５２）年に、中屋ビルの斜め前にあった魚町三丁目の「かねやす」の大火をモチーフにした。火事の第一発見者は私の父であり、その火事を原因として、日本初の百貨店とも言われた「かねやす」は倒産したのだった。この火事は、「かねやす」の屋上にあったお稲荷さんと魚町三丁目のお稲荷さんがケンカしたことによるという都市伝説がある。

また、平成21（2009）年12月に撤退した婦人洋服店の思い出をモチーフに婦人洋服店で働いていた従業員の恋愛、郊外に家を買うためらいを表現した。中屋ビルの屋上には、ヒーローが毎週末バイトに来て、この世の悪を退治し、まちの平和を守っている設定にした。魚町の庭としてよみがえった「三木屋カフェ」は、魚町の歌が流れ、光と影、過去と現在、空想と現実が交差した摩訶不思議な空間とした。平成24（2012）年11月30日（金）〜12月2日（日）の全7公演だった。

平成24（2012）年12月18日夜半、メルカート三番街が隣地の木造2階建ての建物から漏電で出火して、半焼した。魚町のお稲荷さんをちゃかしたような演劇を開催したので、怒らせてしまったのかもしれない。消防署からの通報でメルカート三番街に駆け付けた私は、火事の様子を呆然と眺めているばかりだった。気をとりなして、メルカート三番街のテナントをすぐに招集した。焼け残った中屋ビル本体の4階で、テナントに呼びかけた。

「メルカート三番街は、リノベーションのリーディングプロジェクトとして全国に知られている。被災したのは残念だが、今一度再生したい。協力してくれるか」

テナント10店舗がその場で協力を約束してくれ、その日からメルカート三番街の再生が始まった。

翌日、嶋田洋平氏も現代の八百屋お七こと石神夏希氏もわざわざ小倉魚町まで駆け付けてくれ、片づけを手伝ってくれた。

平成25（2013）年1月9日の毎日新聞夕刊1面で「小倉で昨年末被害　火災ビルに支援の輪　いいね！　フェイスブックを通じ復旧加速」と紹介されたように、大学生など様々な方々から思わぬ後押しを得て、清掃や修復も急速に進み、一部店舗は2月中、ビル全体では3月中にも復旧することができた。

こぼれ話

特別用途地区における建築物の制限について

小倉都心部における中心地の交差点付近にあるファッションビルの東映会館が解体され、パチンコ店ができそうになった平成18（2006）年小倉中央商業連合会が呼びかけて、「小倉都心部小売商業振興特別用途地区建築条例」が平成19（2007）年6月29日施行された。これにより、小倉都心部で、パチンコ店、ゲームセンターの他、店舗型性風俗特殊営業及び店舗型異性紹介業の用に供する建物の建築ができなくなった。このことの経験から、魚町商店街地区にキャバクラがオープンし、その後かなり大きな生地店が閉店し、地元の飲食店を多数経営する不動産店が購入したことを受け、キャバクラ、ラウンジ、スナックその他接待を伴う風俗営業法第2条第1項1号に掲げる営業の用に供する建物の建築を阻止するために一人で行動を始めた。自分のまちは自分で守らないといけないからだ。まず、小倉中央商業連合会として、魚町商店街が親子三代にわたって支援している市議会議員を通じて、北九州市建築都市局計画部都市計画課との意見交換の場を作ってもらい、方向性を定めてから市の担当者と同行して各自治連合会会長を回って要望書を北九州商工会議所と一緒に北九州市長あてに提出することに同意をもらった。そこから市から個別に風営法第2条第1項1号の各営業店に条例改正についての意見募集を行うと同時に、魚町三番街中屋ビル4階で2度にわたって開催する説明会のコーディネートをした。市の担当者は、事業者側から反対意見が出て、説明会が紛糾することを非常に恐れていたが、特に反対意見もなく令和元（2019）年7月無事条例が改正施行され、キャバクラ、ラウンジ、スナックその他接待を伴う風俗営業法第2条第1項1号に掲げる営業の用に供する建物の建築ができないことになり、ゲームセンターにeスポーツ施設が含まれないことの確認も同時に達成できた。このことで、自分のまちは自分でも守らないといけないことと、市議会・行政を巻き込みながら実行する手段を学ぶことができた。

第3章

商店街とまちづくり会社が担うエリアマネジメント

1

商店街という場を取り戻す

平成21（2009）年第1回日専連全国まちづくり座談会の場で、当時の全国商店街振興組合連合会理事長の桑島俊彦氏は、以下のような発言をしている。「私どもは日々、商店街の社会的役割、公的役割を考えております。ここにシカゴ大学の研究報告があるのですが、『商業衰退と孤独死』というテーマで、商店のない地域では自殺者や犯罪による死亡率が高く、商業衰退が死亡者数に影響するという結果が出ております。しかし、逆に言えば商店街を元気にすることによって、このような社会問題を解決できるのではないでしょうか。」

私も行政に商店街振興に関する施策をお願いする際、必ず付け加えることがある。「もし、魚町商店街がシャッター通り化すれば、北九州市の治安はどうなります。シンナーに関する補導者数が、全国一と言われ、今でさえ良好と言えない北九州市小倉の治安がどうなるか容易に推測がつくでしょう。それに商店街はもともと新しく商売を始めたいという人が集まってきて、商店が集合してできた組織です。郊外型ショッピングセンターで起業する人はいません。商店街は、元々新規起業者のチャレンジの場なのです。その機能を改めて取り戻したいと思ってお話しているのです。」

2 リノベーションと平行してアーケード問題に取り組む

リーマンショックが冷めやらぬ平成20（2008）年小倉そごうの後継店である小倉伊勢丹がJR小倉駅前のビルから撤退する。先に述べたように魚町商店街の歩行者通行量は過去最低になった。同年7月北九州市の建築都市局が中心となって中心市街地活性化基本計画が認定され、中心市街地活性化協議会に私も参加することになる。平成21（2009）年3月、小倉中央商業連合会は、地域再生プロデューサーの清水義次氏を招いて「あなたの為の『家守』講演会」を開催して、私自身初めて現代版家守構想なるものを耳にする。平成22（2010）年7月よりは北九州市の産業経済局が中心となって、小倉家守構想検討委員会が結成され、私も検討委員の一人となって、全3回にわたる小倉家守講座を受講することになる。

中心市街地活性化基本計画においては、補助率3分の2の戦略補助金を活用して大型商業ビルの改修、国道199号線をまたぐジョイントアーケードの建設などの大型投資事業を行い、ほぼ同時期に補助金を使わない小規模の遊休不動産を新しい視点・手法でリノベーションする。相反する2つの事業をほぼ同時期に行ったことは、小倉中心市街地の活性化にとっては非常に有意義なことだった。

中心市街地活性化基本計画においては、魚町商店街は国道199号線をまたぐジョイントアーケードの建設と魚町一丁目アーケードの改修を同時に行った。魚町商店街は、もともと国道199号線を挟んで北側が魚町一丁目、南側が魚町二丁目、三丁目となっていて、魚町商店街振興組合という一つの組織だったが、昭和40年代後半にJR小倉駅前に小倉そごうができる過程でその賛成反対をめぐってふたつの商店街に分裂した。表向きはそのような理由になっているが、実際には理事長を魚町一丁目と魚町二、三丁目で交互に出すきまりになっていたのを魚町二、三丁目側が続けて出そうとしたので、怒った魚町一丁目が脱退したのだと聞いている。その後、35年にわたって非常に仲が悪くて一緒のイベント・売り出しも全くできないような状況だった。私は魚町三丁目の出身だが、冗談でよく言うのに「魚町二、三丁目では、魚町一丁目の人間はみんな詐欺師だ。口をきいてはいけない。国道199号線は38度線だ。渡るときは匍匐前進しなければならない」というのがある。平成10（1998）年魚町一丁目で大火があり、十数店舗が被災した。翌年、中屋興産は被災地の一部50坪を購入して、ビルを建築する。この頃から商店主の代替わりも進み、私が両商店街組織の役員となって情報共有できるようになったというか、両方の役員会でこんなことを言っていた、あんなことも言っていたと双方の話をバラすので、嘘も悪口も言えず、私自身は蝙蝠野郎と言われたが、風通しもよくなって、一緒のイベント・売り出しもできるようになってきた。そういったムードの中、魚町一丁目と魚町二、三丁目を隔てる国道199号線にジョイントアーケードを架けようとする動きになっていったのだった。私は、両商店街組合の副理事長という立場で、ジョイントアーケードの建設委員長を拝命した。

3 ジョイントアーケード（エコルーフ）の建設

まず、最初に取り掛かったのは、魚町一丁目の組織化、商店街振興組合の設立だった。魚町一丁目は任意団体だったので、戦略補助金も取得できないし、団体として県の高度化資金の借り入れもできない。そこで、商店街振興組合に法人化することにした。商店街振組合は、その存する地区を決めないといけないので、魚町商店街振興組合の地区を変更した後、北九州市長の設立認可証を添付して、魚町一丁目商店街振興組合を平成20（2008）年3月に設立した。

登記申請は、司法書士としての業務として請け負ったが、法務局としても商店街振興組合設立するのは久しぶりと見えて、法務局担当者も目的と事業の区別がつかず、窓口でひと悶着あって、福岡県中小企業団体中央会北九州支所の白坂さんに法務局まで出張ってもらって法務局担当官を説得してもらったこともあった。

ここでついでに述べておくと、商店街活動には、県、市、商工会議所、中央会、県振興組合連合会などの支援が欠かせない。中央会には青年部の頃から参加していて、青年部会長、理事を経て今は副会長だし、福岡県商店街振興組合連合会では理事長を務めさせていただいている。従って、困ったときや商店街が事業を起こすために補助金が必要なときは助けてもらえるし、補助金の情報をいち早くもらったり、年度末に予算が余った時には、補助金を優先的にもらったりもすることができる。北九州市内の商店街でこれらの組織に積極的に参加しているのは、魚町商店街以外には存在しない。これらの組織の活動に、意味がないとか、時間がないとか、会費がもったいないとかで参加しない商店街も多い。これらの商店街関連組織に所属して、積極的に役員を務めることが商店街活性化の第一歩だ。ついでに言えば、株式会社商店街支援センターの支援メニュー（繁盛店づくり支援事業、トライアル実行支援事業、トータルプラン作成支援事業、商人塾支援事業、空き店舗総合支援パッケージ事業、トライアル実行支援事業、商店街よろず相談アドバイザー派遣事業）はすべて取り組むこと。これも商店街活性化にあっては必須のことだ。九州においてここ2年間で商店街支援センターの支援メニューに取り組んだのは北九州市内の商店街だけだったと聞いている。商店街支援センターが5年間の事業期間を延長できたのも北九州商工会議所のおかげだとして、商店街支援センターから北九州商工会議所が表彰されたとも聞いている。魚町商店街は、当然これらのすべての支援メニューに積極的に取り組んでいる。よく視察受入れの際、今までやってきた事業の中で何が一番効果があったかと聞かれることがある。その時は、何が効果があったかヒットしたかはわかりません、やれることをすべてやったことが一番よかったことだと思っていると答えることにしている。質問者は不満そうな様子だが、商店街再生にこれだけをやってよかったとかいうものはない。すべてやる。下手な鉄砲も数打ちゃ当たる。当たりがでるまでやり続けるしかないと再度お答えする。株式会社商店街支援センターの桑島社長には、魚町商店街をはじめ北九州市内の商店街が商店街支援センターのメニューに取り組むおかげで株式会社商店街支援センターの存続が決まったとお褒めの言葉をもらったくらいだ。商店街関連の組織での活動をすると北九州市のいろいろな部署から協議会、審議会への参加や北九州市が主催するイベントへの協力が要請される。当然、これらの要請もすべて断らない。従って、北九州市が新規事業をやろうとするときには、いの一番に魚町商店街に声がかかることになる。それらの活動を続けようとすれば、自分の仕事の時間を犠牲することになり、休みが取れないことになる。私自身、ここ25年位は、正月も含め一日も休んでない。常に会社に出て商店街活動を含めた仕事・活動をしている。商店街の再生には、これくらいのことは当たり前だと思っている。

さて、魚町一丁目商店街振興組合を設立後、魚町一丁目アーケードの改修、カラー舗装改修、ジョイントアーケードの建設に取り組んだ。これらのときの苦労がすべて、その後のリノベーションまちづくり、エリアマネジメント事業に役立っている。魚町一丁目のアーケードは、長い間改修されず、放置され、火事にもあっていたので、アーケードの屋根のポリカーボネートの張替え、電球の一斉取り換え、カラー舗装下のガス管の取り換えなどが必要だった。これらの事業で一番難しかったのは、電力会社との交渉だった。どの商店街アーケードでもアーケード上に電力会社の受電設備が載架していると思われるが、魚町一丁目アーケードにも受電設備が載架しており、当初はいったんこれを外さないとアーケードの本格的な改修工事ができないとするアーケード工事業者の判断だった。そこで、電力会社の担当者A女史に相談すると、それはできないとの回答だった。受電設備の撤去はできない、どうしても撤去してほしいなら、一番費用のかからない方式として、アーケード通りの真ん中に電柱を立てさせてほしいと言ってきた（これ、ホントの話）。通行のとてつもない邪魔になるし、アーケード内にゴミ収集車や配送のトラックも入れなくなるので、当然に拒否。アーケード工事業者と話して、電力会社の受電設備を撤去しなくてもすむような工事方法をとることにした。昔の資料をひっくり返して探して、電力会社との契約書を探してみると、電力会社が契約の2倍の重量の受電設備を載架していることが判明した。当然、契約書通りの積載重量に戻してもらうようにお願いしたが、魚町地区は重要地区だからバックアップ施設を含め2系統の設備を載架している、万が一の場合は、長時間の停電も覚悟するなら1系統にするのもやむをえないという回答だった（これもホントの話）。商店街内で別方向から攻めてみようということになり、受電設備を載架しているケージを消防署に点検してもらうと、アーケード上の非常通路に受電設備がはみ出していること、ケージの全面に囲いがなく、消火活動に支障をきたすので改修しろとの指示書を書いてもらい、電力会社に提出した。しかしながら電力会社は全く無視。最終的には、国会議員の力を借りて、A女史に掛け合った結果、上から聞いています、善処しますとの回答を得て、受電設備は契約書通りの1系統にしてもらい、アーケードにかかる重量負荷が軽減できた、なお、消防法上の不備は予算がないとの一点張りでいまだに改修してもらっていない。

アーケードは、魚町商店街が公道上に初めて建設したものだが、建築許可ももらわず勝手に作り始めたものだから、法的に整備されているものとはいいがたい存在である。例えば、アーケードは、建築基準法上は、第2条に該当する建築物だが、登記法上は建物ではない。したがって、登記することができない（不動産登記規則第111条）。所有権登記できない以上、借入の担保とすることができない（抵当権設定登記できない）。この場合、アーケードの改修費を市中銀行から借り入れて、大規模改修するのには商店街理事長の個人保証は必須だが、個人的な担保物件の差し入れが必要となるケースもある。加えて、そもそも魚町一丁目商店街アーケードは、建築確認許可を得ていない。新たに建築基準法に適合させ、構造計算をクリアして改修することは事実上不可能なので、2分の1を超えない範囲での改修にとどめるということにして、建築基準法上の確認申請不要という扱いにした。ただし、建築当時の姿に戻してほしいという当局からの要請もあったので、アーケードの支柱を2本復元した。実際、アーケード支柱の改修を含むアーケードの大規模改修は、構造計算もできないし、建築確認申請もできないと思われる。同様に建築確認申請にかかる既存不適格調書の取得も不可能と思われる。また、魚町商店街アーケードは、道路占有にかかわる申請をしていなかったので、道路占有に関することも不備のままだった。道路占有申請をすれば過大な占有料が発生するものと思われるが、改修時に改めて道路占有許可を申請し、協議の結果、道路占有料は減免してもらうことに成功した。このように勝手に魚町商店街が公道上にアーケードを建築した結果、アーケードを取り巻く法的整備は今でも不備のままである。

魚町一丁目は、アーケードの改修時に支柱の補強のため支柱の周りを掘り返すことになることや、ガス管なども耐用年数をはるかに過ぎていることなどから、カラー舗装の改修も一緒にすることにした。北九州市と交わした昔の契約書を見ると、魚町二、三丁目とは違い、カラー舗装の管理は北九州市で行うこととなっており、舗装材の負担は北九州市にお願いできるようになっていた。魚町一丁目のカラー舗装は、テラゾーという御影石を溶解した人造大理石で、汚れが付きにくいのだが、滑りやすいという欠点を持っていた。魚町二、三丁目の方が2〜3年早くカラー舗装の整備をしたが、新しく開発されたばかりの人造石にしたため、割れやすく、油汚れしやすく問題のあるものだった。数年すると製造中止になってしまい、カラー舗装の補修に苦労することになった。また、魚町一丁目とは違い、北九州市との契約書をみると、カラー舗装材の負担ばかりでなく、貼る費用まですべて魚町二、三丁目の負担となっていた。他の商店街もこの辺の負担割合について、事前に確認しておいた方がよく、もし、商店街側の負担になっていたら事前に調整が必要だ。なかなか言えないけど、何もないときであれば当局の担当者も自分の任期中に工事が始まらないなら交渉に応じやすい。いざ、カラー舗装の改修時になると調整は不可能になる。魚町一丁目は、古い契約書を確認してみると、明確な条項はなかったので、カラー舗装材の購入費及び貼る費用まで北九州市の負担でお願いすることになった。また、魚町二、三丁目での経験をふまえ、中国産の30センチ角の桜御影石を用いて、汚れにくく、清掃の必要もなく、高級感を出すことに成功した。春節の時期には、御影石が輸入できなかったり、運搬中の御影石の欠損を見込んで大量に仕入れてしまい、御影石がかなり余ってしまったのはご愛敬だった。カラー舗装下の下水道管・ガス管の埋設の担当者が高校の後輩だったので、身を削って一生懸命差配してもらった。

中心市街地活性化基本計画に位置付けられた魚町ジョイントアーケードは、審査会では今頃アーケード建設なんてと強硬に反対されたそうだが、無事に国の戦略補助金及び福岡県・北九州市の補助金を得ることに成功した。設計は、魚町の近くに実家のある高校の先輩の建築家、環・設計工房の鮎川透氏に依頼した。北九州市の補助金も活用する以上、北九州市の景観審査会の審査を経る必要があり、鮎川氏と景観審査会に参上し、できるだけ軽いイメージでとの注文があり、現在の魚町ジョイントアーケードの設計に決定した。景観審査会が審査した堺町警察官詰所の堺町安心・安全センターのどうしようもない外観を知っているので、景観審査会のことは、あまり気にしていなかった。

国道199号線にかかる魚町ジョイントアーケード（愛称：魚町エコルーフ）は、入札平成21（2009）年7月、安全祈願祭同年9月、工事開始同年10月、平成22（2010）年2月足場解体前検査、北九州市建築指導課検査、同年3月施主検査、引渡し、完成記念セレモニーと進行していった。総工費9050万円。戦略補助金がその3分の2、残りの3分の1のうちの6分の1を福岡県と北九州市、最後の6分の1を魚町商店街が負担した。自己資金部分は、福岡県の高度化資金を活用した。高度化資金は、前年の2月頃利用の要望申請を出す必要があったり、商店街組合理事全員の連帯保証が必要だったりするので、利用が結構面倒だ。アーケードは換金性がないので、抵当権設定しても意味はないが、そもそも建物ではないので抵当権設定ができない。福岡県の担当者が理事たちの所有する不動産に抵当権を設定したいと言ってきたので、断固拒否した。そもそも高度化資金は、市中銀行が組合に資金を融資しない時代の産物であり、株式会社商工中金の存在もあって、すでに歴史的意義を失っている。そればかりか、工業団地などの造成に高度化資金を活用している組合が多数あるが、組合員の企業の一つが自己破産しても、融資金額がその分だけ減額されることはないので、残された組合員企業や連帯保証した理事の負担が大きくなるという全国的な問題になっている。なお、福岡県の商店街組合で高度化資金を活用してアーケードの改修、駐車場の設置などをしたケースも多々あるが、リスケジュールせずにまともに返済しているのは、魚町商店街ともう一つだけという噂もある。高度化資金を借りるためには、公証人役場で公正証書をつくる必要があり、私も博多駅前の博多公証人役場に出向いた。しかしながら当日、福岡県の担当者が理事全員の印鑑証明書を忘れるというハプニング。バスで福

魚町ジョイントアーケード

岡県庁に取りに帰るというので、タクシーで行って帰ってきてくださいとお願いした。部下に持ってこさせてもいいと思ったが自分のミスが言えなかったかもしれない。

私自身は、魚町一丁目商店街振興組合と魚町商店街振興組合の両方の副理事長だったので、建設委員長として、毎月1回の合計24回の建設委員会を経て、北九州市、北九州商工会議所、福岡県中小企業団体中央会、当時の北九州市中心市街地活性化協議会タウンマネージャーの甲斐寛人さんなどの協力を得て、各所各方面への根回しの末完成した。施主検査の際ジョイントアーケードの屋根裏内に商店街関係者で入って、内部の壁に寄せ書きした。魚町ジョイントアーケードは、国道199号線（勝山通り）にかかるもので、国道上にかかるアーケードとしては、鹿児島市天文館の照国通りにあるものに次いで全国で2番目。長さ約25m、幅約6m、高さ6～8m。昼間は透過性太陽光パネルで5kw／hを発電して、魚町一丁目のアーケードの電力の一部として活用している。夜間は、LEDやエバーライトを光源とするなどして省エネを意識し、塗料には地元企業TOTOの開発した汚れにくい光触媒（ハイドロテクト）を使用して自動的に窒素酸化物（NOx）を除去するなど、エコ・環境問題に配慮した環境首都北九州市にふさわしいものとなっている。愛称は、新聞紙上で応募し、399通の応募の中から「魚町エコルーフ」に決定して、当選者には、ジョイントアーケード完成記念式に出席してもらい、10万円分の魚町商店街で使えるUOCAポイントの賞品をお渡しした。

以上、述べたように平成20（2008）年から平成22（2010）年にかけて、中心市街地活性化基本計画のもと、魚町商店街では、戦略補助金を用いた魚町一丁目アーケードの改修と魚町ジョイントアーケードの建設を行った。また、魚町商店街内では、民間業者が戦略補助金を活用して「クロスロード魚町」という商業施設を建設した。約7億円の建設費の内、約4億円の補助金を活用したと聞いている。1階は、フードコート及び街内通行者のための休憩場所、2階から9階までは約200台の時間貸駐車場だ。魚町商店街でアンケートを取るといつも魚町商店街に欠けている、必要な施設として答えられるトイレと休憩場所、駐車場がいっぺんにできたこととなる。魚町商店街では、元から共通駐車券事業を行っているので、3000円以上お買い上げのお客様には、30分間の無料駐車券を差し上げている。しかしながら、現在、休憩場所は店舗となっているし、公益床として活用されるはずの2階のキッチンスタジオは、オープン以来一度も利用されたことがない。魚町三丁目2番地区の再開発にもこの手法を活用しようかと思っている。

4

高松丸亀町商店街の「所有と経営の分離」に学ぶ

平成20（2008）年10月の2日間、北九州商工会議所主催の高松丸亀町・松山商店街視察に同行した。その視察を活かすべく、同時期に高松丸亀町商店街で有名な「所有と経営の分離」のシステムの実験バージョンを行ってみた。

※高松丸亀町商店街（http://www. marugamemachi. ne. jp）

高松丸亀町商店街は、香川県（人口約100万人）の県庁所在地の高松市（人口約45万人）の中心商店街だ。JR高松駅から至近距離にあり、北に高松三越、南に高松天満屋の両デパートがある。800店の個店数を有する2核1モールの理想的な商店街であり、近隣には県庁、市役所、裁判所、法務局などの行政機関や市立美術館、大型病院、香川大学も位置する完全なるコンパクトシティのメインストリートを形成している。開町は、高松城築城の1588年といわれ、400年を超える歴史を持ち、商店街振興組合自身が4つ程の駐車場（合計収容台数748台）を有しており、法人所得税を4100万円（平成18年度）支払っている全国でも有数の商店街だ。しかしながら、ご多分に漏れず、瀬戸大橋開通後、郊外店が急速に進出して高松丸亀町商店街の人通り、売上高、地価は減少の一途をたどった。これらを契機に高松丸亀町商店街では、再開発事業に取り組むこととなった。

香川県の人口と北九州市の人口はほぼ同じ。高松市と小倉北区の人口もほぼ同じ。県庁所在地でないのが、高松市と違うところだが、まちの歴史・構造はよく似ている。ただし、魚町商店街は、高松丸亀町商店街と違って、自ら駐車場を有していないので、自己財源に乏しいことが違うところだ。高松丸亀町商店街では、古川理事長を中心に西郷真理子氏などをブレーンに迎え、以前から街区に分けて62年の定期借地方式で、所有と経営の分離方式による再開発事業を進めている。古川理事長は、「日本で最高級の商店街ではここまでできるんだという見本を示したい」という気概を見せていた。その後も何度かいろいろな団体が北九州市でも古川理事長を呼んで講演会を開催した。普通の商店主であれば、一度話を聞けばその後は絶対に参加しないと思うが、私自身は、少なくとも3度は講演会に参加した。話を聞くたびに、そのスケールの大きさ、構想の深さに感銘を受けるのだが、とても同じことを魚町商店街ではできないと感じていた。それでも一度は、所有と経営の分離方式により何かをやりたいと思っていた。

魚町三丁目の南側、旦過市場に近い場所に、ゼネコンのO組がバブル崩壊前に魚町三丁目西地区再開発を見越して取得しておいた17坪ほどの土地があった。賃借していたブティックが撤退した後は、建物が解体され空き地になっていた。魚町商店街振興組合の賦課金ももらってはいなかったし、魚町銀天街アーケード側は、あまりきれいとはいえないテント地で覆っていたので、台風のような強い風の際には心配な状況だった。そこで、当時理事長だった前理事長と連れ立って、O組の九州支店に赴き、商店街として賦課金を払ってもらいたい、空き地を有効活用してもらいたい、有効利用しないのであれば魚町商店街振興組合に売却してもらいたい、少なくとも魚町銀天街アーケードに面している側は、きれいに危険のないようにしてもらいたい旨お願いした。答えはすべてNOだった。特にバブル崩壊前に坪1000万円近くの価格で購入しているので、売却できない（損切できない）という話だった。そこで、高松丸亀町商店街のことが頭にあった私は、前理事長と事前の打ち合わせもなく、「事業用定期借地権を活用して土地を貸してもらいたい。補助金を取得して魚町商店街振興組合の事務所を建設したい。もちろん建築条件付きで構わない」と提案した。懐の深い前理事長とO組が提案に乗ってくれ、私も提案した手前、各所を走り回って福岡県と北九州市からそれぞれ1000万円の補助金を得て、残り3分の1の自己資金部分は市中銀行から借り入れ、1階にテナントを入れ、その家賃収入で借入額を返済するというスキームを作った。今まで払っていた月の返済額と同額の家賃も必要なくなり、ほぼノーリスクの方式で2階は銀天街事務所、3階は会議室という3階建ての魚町会館を平成22（2010年3月）竣工することができた。魚町商店街が、所有と経営の分離を行うにつき以下のような問題点があった。

①定期借地期間が20年とされたこと。借地借家法が改正され、事業用定期借地期間は50年まで可能になったが、地主のO組は、旧法上限の20年までしか認めてくれなかった。再契約の可能性はあるが、原則、20年経過後は建物を解体して、更地にして返還しなければならない。私は20年後は理事長ではないので、そこまで深く考えなかった。なお、再契約、建物買取り請求の可能性を残すため「土地の無償返還に関する届出書」は税務署長に提出していない。

また、鉄筋コンクリート造の建物の減価償却耐用年数は47年。定期借地期間と減価償却期間が見合っていないので、通常の投資であれば、投資回収が十分にできないことになっている。

②定期借地期間終了後、建物を撤去して土地を返還しなかったケースを想定して、相当額の保証金・権利金を請求された。しかし、相続税評価額の過去3年間における平均額のおおむね6％程度の地代を払うことで相当額の保証金・権利金の請求は拒否した。

③建築に入ってから、行政当局に、補助金を活用して建物を建築している以上、必要以上の利益を上げてはならないと言われた。1階のテナント収入でそれなりの収益を上げる予定だったが、借入金を返済できるだけの家賃水準にすることにした。「(収益) マイナス (減価償却費) ×60％」がキャッシュフローであり、借入金の返済原資だから、それから家賃

価格を設定した。

④補助金により建築した建物に抵当権を設定して、競売にかけられた場合、競落者はゆえなく補助金で建築した建物を取得することになる。そのため、補助金で建築する建物に抵当権を設定することは認められないと、よりによって借入れを行う予定の市中銀行から言いだし、福岡県と北九州市の了解をとってほしいと言われた。あんたが心配することではないでしょうと喉元まで出かかったが、そこはお金を借りる身、ぐっと我慢して福岡県と北九州市の担当部局に相談した。北九州市は、口頭了解。福岡県は書面で回答するとのことだったが、あまりにもばかばかしいと思ったのか回答なし。抵当権設定の効力要件でもないので、司法書士として、抵当権設定登記を申請した。

⑤また、市中銀行には、抵当権設定に関し地主からの印鑑証明書付きの承諾書を要求された。事業用定期借地公正証書にも抵当権設定に同意する旨の条項があり、公正証書作成には地主の印鑑証明書を添付していることを説明しても理解できない。もともと事前に任意の書式で抵当権設定に関する同意書を得ていたので、その書類を提出すると、銀行の書式で出せという。登記の効力要件ではないので、事後に銀行に提出するからと言って建物の表示及び所有権保存登記完了後、抵当権設定登記を申請、完了した。行政当局や銀行は、現場判断で、保身のためとしか考えられない、必要もない書類を要求してくることはよくある。

必要ない書類は、根拠を述べて拒否してもいいと思う。登記申請において、必要のない書類を要求されることはない。必要とされる書類には、法律、通達、先例、民事局長回答などのエビデンスが必ずある。

5

商店街をＩＴ化する
──北九州市ユビキタスモール構築モデル事業

ほぼ同時期に総務省の地域情報通信技術利活用推進交付金を活用した北九州市ユビキタスモール構築モデル事業を行った。東京の烏山繁盛商店街のポイントカードが非常にうまくいっているということから、魚町商店街でもそれを取り組んでいったらどうかという意見があり、魚町一丁目商店街と魚町商店街と共同で実行委員会を組織して、議論を始めた。初代実行委員長の仕切りが頼りなく、不自然に黙りこんでしまうので、仕方なしに私が仕切りはじめた。議論の中途で同商店街の桑島俊彦理事長をお呼びして講演会を開催してはどうかという意見があり講演会を開催した。桑島理事長の講演会には北九州市産業経済局の担当者も参加し、北九州市も住民票の写し、印鑑証明書の発行に使う市民カードの更新を考えており、図書館での本の貸出しにも使えるようないろいろな機能を付加したい、その一部の機能として魚町商店街のポイントカード機能も付加したいということになった。当時の北九州市の意向としては、市民向け窓口が各課ごとに分かれているのを統一して、ワンストップサービス化して、市の職員を9000人から7000人に合理化するための磁気カード式の北九州市民カードをICカード化するということだった。ICカードは、発行費用に1枚500円〜900円必要で、その費用を賄うために魚町商店街を含む民間事業者と連携するということだった。魚町商店街としては、中心市街地活性化基本計画の中に位置付けて、補助率3分の2の戦略補助金を活用するつもりであった。いろいろな機能を付加するからには、シール方式ではなくICポイントカード方式にせざるを得なかった。北九州市にもカンパスシールという環境活動をした際にもらえるシールがあり、それをICポイントカード化しようとしてうまくいかなかった経験があり、何万枚かが北九州市の倉庫に死蔵されていると噂されている。地元百貨店の井筒屋、西鉄バス、北九州モノレールなどとの連携を模索しながら、ICポイントカードを検討していた。問題は、ポイントを発行した際に預り金処理するかどうかだった。預り金処理した際は、5年経過後に益金参入しなければならないという税法上の決まりがあった。また、シール方式ではシールに有効期限は設けられないが、魚町商店街のICポイントカードでは、システム上、ポイントの有効期限を1年と限ることで解決された。技術的、理論的な準備がかなり進んだ頃、北九州市の担当者から市民カードの可能性はなくなった、戸籍のようなセンシティブな情報はカードに載せられないからと言ってきた。カード自体にセンシティブな情報が載る訳でもなし、それならカードで戸籍取得できないようにすればいいのではといっても聞かない。もっと、具体的な理由を提示してもらいたいとお願いすると、平成21（２００９）年2月、以下のような回答がなされた。

①市民カードには、そもそも常時携帯性がない。
②民間事業者の選定に明確性、合理性、公平性がない。
③市民カードに戸籍情報を搭載するにあたり、法務省との協議が必要だ。

①と②については、最初から分かっているだろうという感じだが、結果的には、住基カード、マイナンバーカードの出現前だったので、理由はともかく北九州市の判断としては妥当だったと思う。しかしながら、北九州市民カードに魚町商店街のポイントシステムを搭載するということは無くなり、魚町商店街が独自でＩＣポイントカードを製作しなければならなくなったので、費用負担は莫大になった。そこで、私が北九州市の担当者にお願いしたのは、何か補助金を探してきてくれということだった。そこで、北九州市の職員が探し出してきたのが、補助率１００％の総務省の地域情報通信技術利活用推進交付金だった。補助率が3分の2から１００％になって、ラッキーという感じだったが、地域情報通信技術利活用推進交付金は、ユ

ビキタスモール構築モデル事業というのであり、どこでもいつでもインターネットに接続できる社会を目指すということだったので、ＩＣポイントカードに加えて、魚町商店街アーケードに無線ＬＡＮ網を引くと同時に、１００インチのデジタルサイネージをアーケードに吊り下げることになった。当初の総工費は1億円、民主党の事業仕分けにあって約７０００万円に減らされたが、魚町ジョイントアーケード完成と同時の平成22（２０１０）年3月に事業完了した。

平成22（２０１０）年3月に魚町ジョイントアーケードの完成に合わせて、大々的な記念セールを行い、新聞紙1面を覆う形で新聞広告を打った。魚町商店街が変わったとの印象を持ってもらうために、平成21（２００９）年9月から魚町一丁目商店街の青年会（壱青会）、魚町商店街の青年会（銀青会）の合同で、魚町まちづくり宣言文を策定することになった。自分たちだけでは心配だったので、中心市街地活性化協議会のタウンマネジャーの甲斐寛人さんと商業活性化アドバイザーの斎藤久美さんに手伝ってもらった。いわゆるＳＷＯＴ分析で、魚町商店街の強味・弱味を分析しながら商品政策、サービス政策、まちづくり環境の観点から魚町商店街まちづくり宣言を完成させた。

これまでも　これからも　想いをつなぐまち　魚町

・私たちは、確かな商品、サービスを提供し、お客様との信頼関係を築きます。
・私たちは、お客様との出会いを大切にし、真心をこめたおもてなしをいたします。
・私たちは、市民に親しまれ、愛される商店街を目指します。

ブレーンストーミングの途中からこりゃダメだと思った。商店街関係者は「老舗、品揃え、接客」以上の価値観をもっておらず、ただ単に個店の売上を上げる以外のことに取り組もうとする意識がないのがわかった。商店街は、雑多な商店が集まって、猥雑で混沌としたところが魅力であり、存在意義だと思うのだが、ピカピカに磨き上げられた高級ブティック街のようなまちづくりを志向する人もいて混乱してしまったのだ。商店や商店街は、店主にとって生活を成り立たせるための場であると同時に、やるべき、やりたいことをやり、社会的課題を解決する自己実現の場でもあると思うのだ。

同時期に魚町商店街のシンボルマークを更新することにした。前回のシンボルマークのうおちゃんマークは、30万円の賞金で、「公募ガイド」なども活用して一般公募し、平成13（2001）年アーケード完成50周年記念の際に作ったもので、全日刊紙地元版紙面に掲載されるなど、それなりの広報効果はあった。うおちゃんマークは、祇園祭の浴衣に使われていたものの、あまりに可愛らしく汎用性がなかった。商店主にＩＣについての知識がそれほどないので、シンボルマークを広報に活用することがあまりできなかった。アーケード完成50周年時は、私は事業委員長として50周年事業を取り仕切った。当時は、事業委員長になったばかりで、私がどれくらい能力があってどれくらいできるのか、役員会の中でも様子見の状況で、ほぼ独力、孤立無援の状況で行った。役員会の中に協力者がいなかったので、仕方なく外部団体に協力を仰いだ、当時あったタウン誌の『おいらの街』と協力して、商店街及び個店を紹介する小冊子を製作し、『おいらの街』に折込みしてもらう方式で配布した。商店街を紹介する小冊子を作成しても配布する手段が、商店街内の個店においてもらうくらいしかないので、そこはちょっと工夫した点だ。『おいらの街』と共同で、抽選に当たった方に50円玉つかみ取り大会も行った。終了後になってそんなことをしたら、大蔵省（財務省）に怒られるぞと役員の一人から言われた。

平成21（２００９）年11月、魚町ジョイントアーケード完成に向けて、魚町銀天街ブランドマークコンペ」を開催した。本来、従前のように新聞広告を打つなどして、一般公募によれはよかったのだが、私自身あまりに仕事を抱え過ぎていて、北九州市在住の新進気鋭のデザイナーを選抜して、指名コンペの方式によることにした。募集要項は以下の通り。

作成いただくもの（ブランドマーク）

魚町銀天街（和文表記ロゴ）

UOMACHIGINTENGAI（英文表記ロゴ）

シンボルマーク

参加謝礼金３万円

最優秀賞30万円（該当作品なしの場合もあり）

ロゴに関してはロゴ単独のものと、シンボルマーク付きのセットのもの。全てフルカラー、Ａ３ボードで３点まで。最優秀作の著作権は魚町商店街振興組合に属します。主催者側で最優秀作に変更・修正・加筆を加えることもあります。

その結果、当選者は小倉北区在住の女性の新進デザイナーの小迫美緒氏に決定した。

総務省の地域情報通信技術利活用推進交付金を活用した北九州市ユビキタスモール構築モデル事業では、ＩＣポイントカードと魚町商店街アーケード内公共無線ＬＡＮ網の構築、１００インチのデジタルサイネージを３台設置した。

公共無線ＬＡＮ網の構築については、ソフトバンク関連の事業会社にお任せでよかったのだが、公共無線ＬＡＮのため、犯罪行為に利用されないためのセキュリティを充分に図らなくてはならなかった。公共無線ＬＡＮに接続するためにいちいち認証行為が必要なこと、接続時間が10分しかゆるされないこと、ＭＡＣアドレスまで記録し保存しなければならないことなどがあった。接続後、最初のページは魚町銀天街サイトに飛ぶように設定してあったが、魚町銀天街サイトを新たにスマートフォン用にレスポンシブサイトに変更する必要もあった。

デジタルサイネージについては、運営会社を別途選定しなければならなかった。平成22（２０１０）年2月、「デジタルサイネージの運営にかかる検討及び初期制作業務コンペ」が開催された。入札者の一人は、高校の同級生のエイトクリエイトのＮ氏。野球部のエースピッチャーだった。実は、魚町ジョイントアーケード建設にあたって、勝山通りに面して大型ビジョンがあり、その運営責任者もＮ氏だった。魚町ジョイントアーケードによってその大型ビジョンは通りから見えなくなり、その補償や対策に頭を悩ましていたが、担当者がＮ氏だったので、表立った反対もなく、反対給付も必要なく、大型ビジョンは撤去された。魚町ジョイントアーケードに面する四つ角の土地建物所有者対策も建設委員長たる私の役目だったが、個別交渉せず、四つ角の所有者を含め、通り沿いの関係者を集めて説明会を開催したおかげで、看板が見えなくなるのを補償しろというような意見が私の耳には他の関係者から入っていたが、説明会の場ではそのような意見は出なかった。その後のアーケード撤去やビル解体のケースでは、利害関係者を一堂に集め説明会をするという手法で反対意見を出しにくくできるということを学んだ。入札業者は、エイトクリエイトとR社。株式会社北九州輸入促進センターが運営するＡＩＭ内にあるR社は、有望で北九州市側はそちらを押しているらしいという雰囲気は伝わってきた。入札はガチと聞いていたので、気合を入れて入札に臨んだ。審査するのは、魚町商店街の代表の私と北九州市の関係部局者2名と事業協力者の北九州市の外郭団体であるヒューマンメディア財団の1名。コンペの内容といえば資料の内容、熱意ともエイトクリエイト側が段違いに高かったし、コンペを見学していた商店街関係者5名の評価も同じだったので、勝利を確信した。改札結果は、108対106・5の僅差での勝利。念のため私は、R社の採点をゼロ近くにしていたので、あやうく勝てたのだった。ガチとされていたが、あやうくだまされるところだった。R社の説明者には、「このキャラクターは、魚町ブランドマークのコンペで落ちたものじゃないですか」、「小倉経済新聞との連携といってもまだ発行されていないじゃないですか」とか散々に批判したのだが、説明者が後にメルカート三番街に入居することになるとは思いもよらぬことだった。

6 補助金事業の困難さ

魚町ジョイントアーケード、魚町銀天街ユビキタスモール構築モデル事業、魚町会館の建設もそれぞれ補助金を活用したのだが、補助金を活用して事業を行う際の問題点をまとめてみようと思う。いろいろな都市のセミナーに呼ばれて、講演した際に、補助金を取得することの是非についてとか、商店主が困っていないからリノベーションに協力してくれないのだがどうしたらよいだろうかという質問を受けることがよくある。私の前にKさんを呼んでお話を聞きませんでしたかと問い返すとたいていそうだ。補助金を使ってイベントを開催すると費用算定が甘くなったり、補助金が切れるとイベントが続けられなくなるなどのマイナス点はあると思うが、大型の建設・解体事業には補助金の活用は欠かせない。ただし、補助金を活用するとしても、そこに収益事業の芽を入れておかなければ、商店街の持続的な発展の可能性はないと思っている。

補助金活用の際の問題点は以下の通りであった。

①補助金を活用して事業を行う場合、原則として先に支払いを済ませてから、領収書などをつけて補助金の交付申請をしなければならないので、借入を行わなければならないし、利

子負担が生ずる。また、理事長の個人保証は必ず求められる。
②補助金と借入金を組み合せて建物を建築する場合、原則として借入部分に抵当権を設定するのが困難なケースもある。
③補助金と借入金を組み合わせてアーケードを建設する場合、アーケードは登記法上建物ではないので登記することができず、借入金に対応する抵当権を設定できないため、市中銀行からの借り入れが困難なケースもある。
④補助金を活用して建物を建築する場合、テナントに賃貸して必要経費以上の収益を上げることが問題となるケースもある。
⑤補助金を活用して、ICポイントカードを取得した場合、加盟店及びカード会員に対して、登録手数料、年会費その他いかなる名目によるも一切の金銭的利益を得てはならないとされる。
⑥補助金を活用して魚町ビジョンのような資産を取得した場合、機械更新のための費用を積み立てておかなければならない。
⑦補助金を活用してICカードを発行した場合、行方不明のカードがあってはならない。1枚残らず最後まで行方を追及しなければならない。
補助金を出す方は、言いたい放題言ってくるが、魚町ビジョンは北九州市が総務省の地域情

報通信技術利活用推進交付金を受領したことにより、所有権は北九州市側にあって、魚町商店街としては、無償で賃借するという関係にあった。当初は無償で貸し出すが、耐用年数経過後ビジョンを更新するときは魚町商店街側の費用で行わなければならない。事務経費以上の収益を上げてはならず、北九州市所有のため減価償却もできず、どうやってビジョンの更新費用を賄えばよかったのだろうか。7年経過後、魚町ビジョンは背後からプロジェクターでスクリーンに映す方式で、ビジョン自体が埃まみれになり、映りが悪くなって北九州市に撤去してもらったので、更新の件は考えずにすんだ。北九州市の資産管理の内規では、7年経過後は処分してもかまわないということだったので、廃棄に関する申請を出すだけで済んだ。戦略補助金については、魚町商店街の普通預金口座に入金されることになっていたので、入金日に支払いを全部済まさなければならなかった。補助金で利子所得を取得するのはダメだという理屈である。このため、いつ入金されるか分からないので、毎日2回は通帳記帳にいかなければならなかった。早く言ってくれれば、利子のつかない当座預金に振り込んでもらうよう手配していたのだったのに。

ついでに補助金を活用した際の困難事例について、いくつか説明したいと思う。平成25（2013）年6月、後述する魚町サンロード商店街アーケード撤去のためのまちづくり会社である株式会社鳥町ストリートアライアンスは厚生労働省経由で北九州市が実施主体となる起業支援型地域雇用創造事業の補助金を申請した。説明会を経て補助金申請をして採択されたのだが、この事務処理が大変だった。まず、北九州市の担当者が補助金制度自体を理解できておらず、説明会でミスリードした。担当者の説明では、ハローワーク経由で労働者を雇用してもかまわないということだったが、実際には会社を退職した失業者を雇用せねばならなかった。

ハローワークへの登録は、別に会社退職後に限られるものではない。有給休暇を取得中の労働者でも登録可能だ。担当者は、離職したことがないのでこのことを知らなかったのだ。補助金交付申請時になってこのことが判明した。鳥町ストリートアライアンスの被用者はたまたま退職者であったので、難を逃れたのだが、関連会社は有休取得中の被用者であったので、前の会社に退職日を変更してもらう必要があり、社会保険労務士と一緒に東京まで行って、前会社の了解を得てハローワークの届出書を変更してもらった。どうしてもその変更が出来なくて、会社によっては、起業支援型地域雇用創造補助金の全額を返還した会社も数社あったらしい。それも途中で担当者が変わってしまい、その責任もあやふやになってしまった。雇用保険については、会社と被用者が折半でないと、雇用保険2事業は全額会社負担であることを知らないで何度も修正を求められた。厚生労働省、北九州市、会社保存用と10センチを超えるファイルを3部提出しなければならなかったが、項目ごとにラベルシールを貼って出すと両面コピーでないと受け付けられないと全部の書類の修正を求められたりもした。会社に戻って職員3名と夜12時までかかってラベルシールをはがして両面コピーし直し、再度ラベルシールを貼るという作業を繰り返し、翌朝朝一番で報告書一式3部を提出した。

北九州家守舎で国土交通省関連の交付金を活用して全国にリノベーションスクールを開催するというミッションをいただいたことがある。数千万円の交付金で最後に一括清算だったので、数千万円を一時市中銀行から借り入れなければならなかった。利子2％として数百万円、交付金業務専門担当の職員を雇用せねばならず、そもそも事務経費を計上していなかったので、まったくの赤字であった。国土交通省には、交付金処理事務に関する要綱（マニュアル）がなかったので、経済産業省の要綱（マニュアル）を参考にするように言われたり、講師の交通費が実費精算で、カードで払ったりマイルを使っていたりと領収書をもらうこと自体が大変だった。

北九州家守舎では、起業支援型地域雇用創造補助金を使って数名を雇用し、新事業を立ち上げ、補助金終了後はその収益で職員の給料を払う予定だったが、新規事業の立ち上げはまったくうまくいかず、うつ病患者を増やすばかりになったのは前述した通りだ。

7 まちづくり会社の有用性

リノベーションまちづくりにおいて、民間まちづくり会社を設立して事業運営の一翼を担わせるのは必須の条件だが、以下のような民間まちづくり会社がよいとされている。

①それぞれ守備範囲が違う3〜4名で構成されたチームであること。
②役員には別に本業があり、まちづくり会社は副業であること。
③意思決定が迅速で、フットワークが軽いこと。
④まちづくりの事業収益をまちに再投資する意思を持つこと。
⑤事業を通じてまちの人づくりを目指すこと。

商店街組合でもまちづくり事業ができないことはないが、以下の理由でまちづくり会社を組織するのがよいとされている。

①商店街組合では、収益事業をおこなっても利益の分配ができない。
②商店街組合では、常に組合員の平等が求められる。
③事業が失敗した際のリスク遮断効果を得られる。

④商店街組合の役員会では、人数が多くて迅速な意思決定ができない。
⑤商店街組合区域外の事業活動が可能である。

民間まちづくり会社で一番重要なことは資本政策。大抵これに失敗する。それと民間まちづくり会社の寿命は、10年が限度だ。10年を超えると、メンバーの生活様式も変わり、バンドと同じようにメンバー同士の方向性の違いが出てきてしまい、ぎくしゃくしてしまう。いつでも解散や事業ごとの事業譲渡ができるように、資本政策を事前に考えておかなければならない。

まず、中心市街地活性化基本計画の中で第3セクターの街づくり会社として設立された北九州まちづくり応援団株式会社について述べてみたいと思う。北九州まちづくり応援団株式会社は、平成17（2005）年6月設立。設立当時の株主は、北九州商工会議所、小倉中央商業連合会の他、北九州市内の大企業を中心に9名で、代表取締役は北九州商工会議所の会頭だった。私は、司法書士として設立の相談から登記、創立総会まで立ち会った。

この資本政策の失敗は2点。まず、株式譲渡制限を付けない公開会社としたこと。私は、司法書士として当然ながら株式譲渡制限を付けることを提案したが、増資の予定があること、株式譲渡制限付きであれば増資には株主総会の招集が必要だが、株式譲渡制限がなければ増資が取締役会の議決でできるので、北九州商工会議所の担当者が株主総会の招集をめんどくさがって、株式譲渡制限を付けない公開会社としたのだった。株主は、一流の企業・団体ばかりだから勝手に第3者に株式を譲渡することはないだろうということで、そうしたのだが、いつ誰とも知れない株主が急に現れるかもしれないというリスクを常に抱えている。

2つ目は、株券発行会社にしたこと。株券不発行の会社にすべきだと進言したが、当時の北九州商工会議所の担当者がやっぱり現物の株券がなければと言って、株券発行会社にしてしまった。今後、株式譲渡制限を付けようとすると1ヶ月前に株券提供公告をしなければならないとか、株券を紛失した場合簡単に再発行の手続きができず、除権判決によらなければならないなど、面倒な手続きが必要となってしまった。この会社の設立には、ほとんど必要もないのにもし同一の会社が先に登記されたら困るからと商号の仮登記をさせられたりして、設立登記まで大変な思いをさせられたことを覚えている。平成19（2007）年12月、北九州市も100分の3を出資する形で、北九州市内の大企業の他の会社も含め増資して、株主は18名、資本金は3200万円となっている。

北九州まちづくり応援団株式会社は、後に述べるリノベーションスクールでの提案案件の魚町二丁目サンリオビルの再生に一定の役割を果たしたのだが、期待外れの部分も多かった。先に述べた魚町会館の建設にあたって、中心市街地活性化基本計画に同社が行う事業として「チャレンジショップ事業」があった。そこで、当初の魚町商店街の構想としては、魚町会館1階に同社の経営するチャレンジショップを誘致する予定だった。それは、同社が資本金を事業に使ってはならないとする制約があって、資金繰りに余裕のないことから、魚町商店街が事業運営するデジタルサイネージ、懸垂幕、ロードサインの情報発信事業の担い手となって広告代理店業務を行ってもらい、その収益でチャレンジショップの家賃などを賄ってもらうというワンパッケージ案を提案し、取締役からOKをもらった。しかし、具体的な条件を詰めることになったミーティングの前日になって、このことはないことにしてほしいという連絡が入った。資金が十分に確保できていないという理由だったが、実際のところリスクのあることはやるなと同社の上層部からストップがかかったらしかった。魚町商店街が提案したワンパッケージ案を同社が一方的に拒否したことで、行政を含む各方面からの信用をなくし、中心市街地活性化基本計画に基づく小倉都心部の活性化に対するダメージは少なくなかった。結局のところ、第3セクターのまちづくり会社、取締役が商工会議所の会頭・副会頭、社員が商工会議所・大企業からの出向者では、まちづくりは成功しないのだ。商工会議所の会頭、副会頭は、グローバル企業の代表者などであるから、日本経済の動向や株式の取引相場、円高・円安には興味があっても、地元商店街の栄枯衰勢に興味を持てと言っても無理なことかもしれない。結局のところ、チャレンジショップは、元々同社を通じて経営する予定だった地元の経営コンサルタントが、自分で雑貨・喫茶店の経営を始めた。経営コンサルタントといえども、自分で事業経営することは難しかったらしく、約1年で閉店した。同社の取締役は、理由は詳しくは書けないが、追われるようにして同社を去った。その後、これではいけないと同社の上層部が思ったかどうか分からないが、商工会議所・大企業からの出向は止めて、緊急雇用でハローワークから銀行・ゼネコン出身者を緊急雇用で雇用して、少しは魚町商店街と協力して事業ができるようになったり、先に述べた旧サンリオビルの再生に一時は成功したりした。しかし、事業推進に上層部から急にストップがかかるという同じような出来事もあった。

当時あった中小企業庁の400万円・補助率100％のにぎわい補助金を活用して、サンリオのキティちゃんを使ったイベントを魚町商店街と同社で行うことになり、連名で補助金申請書を提出したところが、同社の取締役を務める北九州商工会議所の職員が補助金申請書を取り下げろと言ってきた。補助率100％の補助金にもかかわらず、資金的なリスクがあるといということらしい。さすがに魚町商店街としても組織決定をしており、取り下げることはできないと突っぱねた。このことが理由だったかどうかは不明だが、緊急雇用で雇用した社員は有能だったものの、雇用期間が更新されず、すべて解雇された。その他にも魚町商店街との共同事業が不動産オーナーの交代でできなくなったので、北九州市に出す事業廃止届に魚町商店街の印鑑をもらいたいからと突然やってきたため、魚町商店街の役員会で事業説明してからにしろと突き返したりもした。第3セクターの同社は、株主が大企業ばかりなので、いらぬところに気を使ったり、事業会社として取るべきリスクをとることを極端におそれたりして、充分に小倉都心部のにぎわいづくり、活性化に貢献しているとはいえない存在になっている。現在は、小倉城・小倉城庭園の指定管理業務が主たる事業だが、インバウンド需要の喪失、コロナ禍で経営的に大変な様子だ。詳しく書けないこともいっぱいある。

北九州市まちづくり応援団株式会社が頼りにならないことが分かったので、魚町商店街のにぎわいづくり・活性化のため、ユビキタスモール構築モデル事業のために、魚町商店街独自のまちづくり会社が必要だと考えた。しかしながら、当初は同社の期待値が高く、社員のやる気もそれなりにあったので、工夫・仕組みが必要だった。それが、2代目タウンマネジャーの吉田潔氏と考えた中心市街地活性化協議会内に設けた「エリアマネジメント計画策定専門部会」だった。小倉都心部を8つのエリアに分けて、ブロックごとの特色と方向性を明確にして、それをどういう手法で達成するかを議論した。平成20（2008）年9月から平成21（2009）年2月まで、計5回の会合を持った。中心市街地活性化基本計画にもかかわっていたコンサルタント会社が入っていたので、主導権を取るためにブロック分けから意見を述べて、魚町一丁目と魚町二、三丁目が別のブロックに入っていたのを一緒にしてもらったりした。結局のところ、北九州まちづくり応援団株式会社に気を使って、各ブロックの事業を同社が担当する方式と各ブロックごとにまちづくり会社を設立する2方式が両論併記の形となった。このエリアマネジメント計画があればこそ、同社の影響力を排してタウンマネジメント魚町やその他のまちづくり会社が設立され、事業運営できるようになったのだ。今となっては考えられないが、私がブログに同社の活動をお手並み拝見と書いただけで苦情を言いに来るくらい当初はやる気満々だった同社と別にまちづくり会社を設立するには、これだけの無駄な仕掛けが必要だったのだ。

8 魚町サンロード商店街とカルチェラタン構想

アーケードの建設と撤去

魚町サンロード商店街は、JR小倉駅から南に徒歩8分、北九州市の小倉中心市街地最大の繁華街である魚町銀天街に隣接する南北に伸びる全長約108m、幅員5mのアーケード商店街だ。呉服店、洋服店、飲食店など約35店舗で構成されていた。

昭和53（1978）年にアーケードを建設するために協同組合を設立し、アーケードは昭和55（1980）年総工費約1億2000万円で建設された。当初は、魚町サンロードだけでなく、その北側にある商店街も含めてアーケードを建設し、JR小倉駅までつらなるアーケード街を建設する予定だったが、北側の商店街では、病院など反対する人もいてアーケードは連結

アーケード撤去前の魚町サンロード

されず、魚町サンロードのアーケードが孤立する形になっていた。

昭和55（１９８０）年に建設されたアーケードは、組合費が低額であったため、修繕費が積立されていなかった。ポリカーボネートの屋根は薄汚れて、昼間でも暗く看板灯は錆びついていつ落ちてもおかしくなかった。実際に同じころ建設した隣接するグリーンロードアーケードのポリカーボネートの屋根の数か所が太陽光による劣化で剥落していた。元々広告収入を上げていた4基ある広告灯も広告収入がとれなくなり、老朽化して、いつ落ちてきてもおかしくない状況だった。撤去には1台１００万円必要だと言われていた。このように魚町サンロードアーケードは、一度も改修されず老朽化し全面的な改修が必要となっていた。私は、高校の先輩だった前理事長が店舗を移転することになって、魚町サンロード内に店がなくなり、理事長の資格を失ったので、やむを得ず後任を引き受けることになり、平成13（２００１）年に魚町サンロード商店街協同組合の理事長に就任した。老朽化したアーケードをどのようにするか、その矢面に立たざるを得ないに立場に立っていた。消防設備は、街内放送設備を含めて全く不良で、その改修だけでも1００万円を超える費用が必要だった。消防署の毎年の消防設備点検では、アーケードを撤去する予定だから、消防設備を更新しても無駄になるだけだからと言って改修を待ってもらっていた状況だった。

副理事長以下に相談したとしても、消防点検を受けたことのない人ばかりで、消防署からの指示書を見せたところで、その通りにしなければならないと慌てふためいてしまい、借金してでもした方が良いと言う始末。銀行から借金したとしても返済原資もないのだ。

ある時、アーケードの電灯が一基だけ切れた。その前に店舗を構える組合員が私の事務所に怒鳴り込んできた。「今すぐ、電灯がつくようにしろ！」魚町サンロードは祇園祭前の7月と年末の12月の2回だけ、まとめて切れた電灯の交換修理を行っている。電灯の交換のためには高所作業車（バケット車）が必要で、その費用だけでも10万円近くが必要であるから、一回一回電灯が切れて修理するのは無駄なので、年2回で勘弁してもらっていると回答しても、「勘弁ならん、店の前が暗いので今すぐ電灯を変えろ」と言って聞かないのだ。やむを得ないので、1ヶ所だけのために高所作業車を呼んで、電灯交換をした。

そうこうしているうちに、平成24（２０１２）年12月、リノベーションのリーディングプロジェクトのメルカート三番街の隣接地の空き家が漏電から出火した。空き家は全焼し、メルカート三番街も半焼した。この時の火事では、アーケード設備である連結送水管も使った。消防隊が、必死に消火活動している最中、アーケードの横樋を通じて、自分の店の前から水が落ちてくるので、消火活動をやめろと言ってくる組合員もいた。

「消火活動しているのが分からんのか、お前の店も火事になっていいのか」と怒鳴り返した。あきれはててしまい、アーケードの撤去を進めることを決心したのだ。

まちづくり会社「株式会社鳥町ストリートアライアンス」の設立

組合は、組合法の縛りがあり、組合員の平等性や収益事業ができないなど、空地を賃借して融資を受け、建物を建築して運営するなどということに向いていない。

魚町サンロード商店街内のイベント「よりみち市」を開催するにあたり、実行部隊として、集金やのぼり、チラシの作成母体としてのまちづくり会社が必要となり、魚町サンロード商店街協同組合と商店街有志を共同出資者として、資本金50万円で株式会社鳥町ストリートアライアンスを設立した。

設立にあたっては、以下の観点からまちづくり会社を設立することで魚町サンロード商店街協同組合の承認を得た。

- 組合とまちづくり会社間のリスク遮断

・組合員以外への事業発展の可能性の追求
・迅速な意思決定の実行

株式会社鳥町ストリートアライナンスの設立により、毎月第3日曜日に「よりみち市」を開催することができ、それが後に述べる国家戦略特区の認定につながっていくのだ。

空き地をコンテナカフェ「クッチーナ・ディ・トリヨン」に

先にも述べた通り、平成24（2012）年も押し迫った12月18日未明、魚町サンロード商店街で火災が発生した。麻雀店の入居する木造2階建ての家屋から出火し、同家屋は全焼、隣接する木造2階建てのリノベーションリーディングプロジェクト施設「メルカート三番街」も半焼した。

火事により魚町サンロード商店街内に約20坪の空き地ができてしまった。地主に相談したところ、高齢でもあり子息も別の会社に勤めているところから、空き地に建物を再建するつもりがないことが分かった。商店街内に発生した空き地を有効利用するため、一旦商店街で地主より定期賃借し、それをまちづくり会社たる「株式会社鳥町ストリートアライアンス」に転貸し、同社が政策投資金融公庫から設備資金を借り入れ、コンテナを購入して空き地に設置して、それを貸し出すことにした。

コンテナカフェ「クッチーナ・ディ・トリヨン」

コンテナカフェ「クッチーナ・ディ・トリヨン」の運営は、北九州市で全国に先立ってリノベーションスクールを開催し、遊休不動産のリノベーションによる再生を進める株式会社北九州家守舎に依頼した。賃料は、月15万円と売上高の10％の大きい方。地主への地代月10万円と政策投資金融公庫への返済月5万円は、最低保証家賃によって支払うことが可能。そして、売上が上がれば上がるほど賃料も高くなるので、商店街の人もコンテナカフェの売上に貢献する意欲が増してくるという仕組み。株式会社鳥町ストリートアライアンスに利益が積み重ねられれば、協賛金などの形で魚町サンロード商店街協同組合に還流して、それがアーケード撤去の銀行借入の償還費用の一部に充てられることになっていた。

株式会社鳥町ストリートアライアンスへの融資実行にあたっては、自己資金が2割程度必要だった。そのため増資をして１００万円を集め、それを元に４００万円の融資を求めるというスキームを実行した。増資にあたって、他都市でも例のある通り北九州市のまちづくりに意欲を持つ北九州市役所職員にも呼びかけて出資を求めたのだが、これが後々大問題となった。北九州市職員から出資を募ったことが魚町サンロード商店街内の反対派の知るところとなり、北九州市副市長に直接これは問題ではないかとご注進があって、北九州市の職員服務規定によれば、非上場会社の株式を所有することが職務との関係で問題になる恐れがあり、出資した職員は現在の職務とは全く関係ないとはいえ、今後関係部署に移動する可能性もあって、同株式を所有するべきではないという話になり、私自身が同株式を全て買い取って、最初から無かった話にして、うまくまとめることに成功した。

アーケード撤去決議

昭和55（1980）年にアーケードを建設した当時は、アーケード内に設置した看板灯の広告収入があって、それを積み立てておいてアーケードの改修費にあてるという計画だった。人通りが減少して広告収入も入らなくなり、私が理事長を引き継ぐ時には、商店街組合の余剰金残高は100万円を切るような有様だった。4基の看板灯がアーケード内に設置されていたが、老朽化により地震が発生すればいつ落ちてもおかしくないような状況だった。看板灯を1基撤去するには、約100万円かかるという見積書が届けられていた。

アーケードの屋根材も老朽化して、薄汚れて太陽光を通しづらくなり、昼間でもアーケード内は薄暗いままだった。屋根材にはうっすらとヒビが入り、いつ落ちてくるか心配だった。近隣の商店街たる魚町グリーンーロード商店街は、屋根材がヒビ割れて実際に落ちてきた。魚町グリーンーロード商店街は、国からの補助金を得て、屋根材を改修した。しかしながら、屋根材の改修だけでは補助金が下りず、アーケード支柱も耐震補強も含めて改修せざるを得ないことになっていた。

そんなこんなで、アーケードを改修するための費用は全くなく、空き店舗も目立つようになり、商店街の全35店舗中10店舗近く、3割間近になっていた。

アーケードの改修には補助金が出るのだが、当時はアーケードの撤去には出なかった。その後になって、まちづくり補助金が、新たにアーケード撤去にも使えるようになった。

以下に、アーケード撤去に至った要因をまとめてみた。

①アーケードが単独・連結されていない。
②元々維持管理費が賦課金に組み込まれていない。
③修繕積立金が皆無。
④建設以来一度も大規模改修されていない。
⑤空き店舗の増加による賦課金の減少
⑥老朽化が甚だしく、改修費が過大。
⑦理事長の引き受け手が皆無。

⑧撤去費にも補助金が適用になった。
⑨改修費と撤去費が同額。
⑩アーケードを維持するには賦課金を3から5倍にする必要がある。
平成25（2013）年8月の魚町サンロード定時総会において、上記のことを説明し総会に可否をはかった。

「私としては、撤去でもアーケード撤去しなくても結構です。ただし、撤去しない場合は、組合費を3から5倍にしなくては維持管理できません。私自身は撤去した方がよいと思います。撤去しないという方針が採択された場合、私は理事長として不信任されたものとみなして、辞任します。アーケードの維持管理は新しい理事長の元で、組合費の値上げも含め事業運営してください。」

その結果、アーケード撤去が、反対1名、その他全員の賛成で承認可決された。何事にも反対はあるものだ。アーケード建設にも反対した人が撤去にも反対したが、それはそれで結構なことだ。

アーケード撤去事業の予算計画は、以下の通り。

総事業費　　2877万2000円
内、まちづくり補助金　　1726万6666円

北九州市補助金　　　　　　　　230万1066円
自己資金（銀行借入）　　　　　947万4268円
銀行借入（北九州銀行）10年返済
元本　　　　　　　　　　　　　月額8万6000円

歩いて楽しい公園のような通りを目指して

アーケードを撤去することは決定したが、カラー舗装が現在のテラゾータイルのままでは雨が降るとすべりやすく危なっかしくて仕方がない。小倉北区のまちづくり整備課に相談すると、アーケード撤去後はアスファルトの黒舗装になるという回答だった。それでは、商店街としては、自動車がバンバンと通り過ぎるようになるし、またショッピングストリートとしてはふさわしくはない。そのため、嶋田洋平氏が突っ込み役、私がなだめ役と役割を分担しながら小倉北区のまちづくり整備課と交渉を繰り返し、道路維持課長とまちづくり整備課長を交代してもらい、ようやくインターロッキングによるカラー舗装に決定した。

ただし、それだけでは楽しくない。神奈川大学の曽我部昌史先生の協力を得て5回のワークショップを開催し、アーケード撤去後の商店街のあり方について議論を重ねてきた。

ワークショップの内容は、以下の通り。

①今、これからの魚町サンロード商店街に残したいもの、必要だと思うもの
②今後の魚町サンロード商店街のビジョンとよりみち市について
③魚町サンロード商店街の灯り・照明について
④魚町サンロード商店街の通りの緑化について
⑤これまでのワークショップの総括と撤去工事の説明会

また、平成28（2016）年12月には、島根県米子市の法勝寺通り商店街を視察し、アーケード撤去後の商店街のあり方について研究してきた。

魚町サンロード商店街の電柱地中化について

アーケード撤去事業にあたって、一番大変だったのは、電力会社との交渉だった。アーケード上には、受電設備が架設されており、アーケード撤去にあたっては、それを一旦撤去し、仮設電柱を設置して受電設備を架設した後に本設の電柱を設置して新たに受電設備を架設しなければならない。電力会社からは、これらの工事の協力金として1000万円を請求された。電力会社との交渉は一筋縄ではいかないのを経験上知っていたので、地元の衆議院議員の協力を得ながら交渉し、協力金の支払いは必要なくなった。

また、本設の電柱をどこに設置するかも地権者の協力がなかなか得られず、大変な交渉が必

要だった。その上、そもそも店舗間にはアーケードの支柱があり、その基礎の撤去は、店舗側の基礎とつながっていることも考えられるので不可能。それで、特殊な手法で支柱の基礎の中を貫いて電柱を設置しなければならなかった。そのための費用は1本300万円ということで、それも電力会社から組合側で負担してほしいと言われた。このこともいろいろな方々の協力を得て負担の必要もないということにしてもらった。

そのような交渉を繰り返しているうちに、組合員側から電柱を地中化すべきではないかという意見が提案された。私としては、莫大な予算が必要なため北九州市や電力会社と交渉しても最初から無理と判断していたが、理事長たる私のやり方に反対するためにこの案を提出してきたもののようだった。常識的に考えれば無理なものは無理だと思うのだが、電柱の地中化勉強会をアーケードの撤去の議論と並行してすすめることになった。結論から先に言えば、電柱の地中化は全く無理なことだった。

電柱の地中化には、108mの魚町サンロード商店街で行うだけでも3億円近くかかり、電力会社としてはそれを負担するだけの予算はそもそもないこと、北九州市としても中心市街地で地中化する計画は今の所まったくないことが判明した。また、小倉駅から魚町サンロード商店街につながるすべての商店街の電柱の地中化をしなければ意味のないこと、電柱を地中化するためには地上にそれなりの大きさのパットマウントを設置しなければならないことなどから、最初から考慮の対象にもならないことが明らかになった。そのうちに、他所にある自社ビルの前の電柱をどうにかしたかったらしい電柱の地中化の指導的立場にあった方が、魚町サンロード内に持っているビルを売却することによって組合員でなくなり、反対派は雲散霧消した。

「魚町サンロードカルチェラタン構想」を宣言

魚町サンロード商店街は、平成23(2011)年6月に「メルカート三番街」がオープンし、全国各地に展開した「リノベーションまちづくり」の発信地。10年以上空き店舗になっていた遊休不動産をリノベーションし、35歳以下の若手のクリエイティブな経営者に賃貸することで、空きビルを再生した。

遊休不動産を建て替えるのではなく、リノベーションすることで改装費を安く抑え、それを家賃に反映させる。商店街が本来持っていた起業の場としての役割を復活させ、若手起業家を呼び込むことで商店街の新陳代謝を行い、それにより新規顧客を獲得していく。そのプロセスをリノベーションという手法と、起業家が必要とする、家賃が払えるだけのスペースを小分けして用意し、テナント先付け方式により不動産オーナーのリスクを出来るだけ最小限化する、それが、「リノベーションまちづくり」の根幹だ。

魚町サンロード商店街の一角から始まった「リノベーションまちづくり」が、リノベーションスクールを通じて全国に展開し、中心市街地の活性化・商店街の再生に一定の成果をもたらしつつある。

平成28（2016）年7月22日、魚町サンロード商店街のカラー舗装・緑化工事は完了した。同年8月20日には、魚町サンロード商店街内において北九州市長、小倉北警察署長をお招きしてカラー舗装完成記念式典とカラー舗装上を活用した子どもファッションショーを開催した。その後には、商店街有志の結婚式、披露宴なども開催した。

同年秋以降は、夜市だけでなく、近隣の農協・農家と連携した野菜・果実などを販売するマルシェとしての朝市、クラフト作家・手作り作家の販売スペースとして昼市も同時に開催を始めていく予定になっていた。

これにより魚町サンロード商店街は、「歩いて楽しい公園のような通り」だけでなく、パリのセーヌ川左岸5区・6区のような若者の集まる芸術性にあふれた通りにしようと「魚町サンロードカルチェラタン構想」を宣言した。リノベーションまちづくりには、フラッグをたてることが常に有効・必要だ。このことが、民間の遊休不動産ばかりでなく、公共の有する道路、公園、広場、河川などへのエリアマネジメント事業、国家戦略特区認定へと続いていく。

国家戦略特区エリアマネジメント事業「道路空間を活用したにぎわいづくり」

平成28（2016）年3月、北九州市長とともに内閣府の「国家戦略特別区域会議」に出席して、道路空間を活用したにぎわいづくりを提案し、4月には戦略特区の認定を受けることができた。

北九州市建設局道路部道路計画課の担当者と協力して、小倉北区役所のまちづくり整備課の道路占有許可、小倉北警察署の道路使用許可を申請した。

国家戦略特区の認定を受けたとしても、道路交通法にかかる警察の道路使用許可について規制緩和されたわけではまったくない。なおさら厳しくなったといっても過言ではなかった。それまでの魚町サンロードよりみち市では、道路の両側にブースを出すことが可能だったが、国家戦略特区の認定を受けた後はそれが不可能になり、道路の片側のみしか許可してもらえず、緊急車両が通行できる幅4ｍは確保しなければならなくなった。

その上、当初提出した事業計画を変更することが非常に難しく、時間を延長することやブースを増やすこともなかなかできず、申請も北九州市は半年ごとに提出し、道路占有料も不要なのに対し、1ケ月ごとに申請書を提出しなければならない、道路使用料も減免されないことなど、国家戦略特区に認定されたとしても、従前とそれほどの相違はないような有様だった。しかも国家戦略特区になる前のイベントとして「よりみち市」を開催していた頃は、魚町サンロード商店街内の店舗は出店することはできなかったが、国家戦略特区取得後は、外部の出店者は認めず、魚町サンロード商店街内の店舗に限ると180度方針を変更せざるをえなかった。また、道路使用許可の窓口の担当者によって言うことが毎回違うばかりか、警察の上司と打ち合わせたことも現場まで下りておらず、北九州市の道路計画課の職員と同行して打ち合わせねばならないことも度々だった。

しかしながら、5月より始めた夜市は非常に好評で、夜の人通り、にぎわいは甚だしく、夜市に出店した店舗の売上も好調で、魚町サンロード商店街内の飲食店も売上も増してきた。「クッチーナ・ディ・トリヨン」の売上は、国家戦略特区取得前後の4月対5月比で文字通り2倍になった。国家戦略特区を取得して公道上でオープンカフェの運営をしているとはいえ、交番のお巡りさんにはそのことを知らない人もいて、パトロールに来たお巡りさんに「何で公道上で勝手に商売しているのだ」と詰問され、理事長たる私が呼び出され、許可証を示しながら国家戦略特区たることを説明して、とにかく小倉北署に電話して確認してくださいとお願いすることも度々だった。

その後、国交省の通達によって、公道上のテラス営業などが規制緩和されていくわけだが、魚町サンロードへの国交省幹部の視察、魚町サンロードでのエリアマネジメントセミナーなどを通じて、国交省の考え方が整理されていったものだと考えている。

9

ホテル跡地を利用した広場を建設

旧小倉ホテル跡を広場に　北九州市合意　旧小倉ホテル解体へ　跡地にイベント会場　19年春供用
平成29（2017）年8月9日　西日本新聞

北九州市の中心部に位置し、2001年に閉鎖した旧小倉ホテル（小倉北区）の建物について、市は8日、18年度に解体することで所有する住友不動産（東京）と合意したと発表した。市は19年春の供用開始を目指し、跡地の一部をさまざまなイベントが可能な広場として整備、都心部の一層のにぎわいづくりにつなげる意向だ。

市によると、建物は地上7階、地下2階で敷地面積は約2750平方メートル。解体は18年6月に始める予定。跡地のうち800平方メートルを市が10年間をめどに無償で借り、約3千万円を投じて広場を整える。解体費用は約5億円を見込み、約3割を市が、約7割を同社が担うとしている。

ある日、上記のような新聞記事を目にした。旧小倉ホテルは、中心市街地活性化基本計画の段階では、医療モールができる予定だったが、その計画が断念された後は、所有者の住友不動産は、小倉には今後投資する予定はないとつれない返事を北九州市側に繰り返していた。そこで、ある北九州市議会議員に頼まれて、旧小倉ホテルの再開発の要望書を所有者に送ったところだった。いくら全く動く気配のない遊休不動産を再生するためとはいえ、超大手不動産業者たる所有者に税金1億5千万円をつぎ込むとは信じられない思いで、担当者の方に電話して私の事務所に来てもらい、その内容を確認した。市が広場を整備したとしてもよいものができるわけがないと思い、商店街などのような民間側に管理を任せてくれとお願いした。それを証明するように、紫川西岸の勝山公園を北九州市が本邦初のＰＦＩ事業として、民間事業者と共同で開発したところ、こともあろうか「コメダ珈琲」というナショナルチェーン店のカフェを入居させてしまった。担当者がとあるリノベーションスクールに招かれて、その経緯と結果を発表したところ、講師陣からなぜ地元資本のカフェを入居させて、地元で資金を回す仕組みを作らなかったかと総反発を受けてほうほうの体で帰ってきたという。リノベーションまちづくりにおいては、地元で資金を回して外部流出させないということが基本中の基本で、どうもそれがわかっていなかったらしい。北九州市も住みやすい街、起業しやすい街、新しいことを始めやすい街ということを盛んにＰＲしているが、それでいてプロデューサー、デザイナー、イラストレーターはほとんど東京在住者で、イオンモールのことも含め、地元で資金を回して外部流出させないという基本命題に無頓着だと感じている。それにしても北九州市は、ビデオ映像、イラスト、ポスター、キャラクターを作りすぎ、成果物が発生するので、仕事をしたつもりになっているのではないかとも思われる。

それと同時に小倉中央商業連合会（中商連）内部調整を始めた。スペースワールド跡地に進出するイオンアウトレットモール対抗策を考えるために東朋治氏を招いて始まった総務企画部会のメインテーマに旧小倉ホテル跡地の活用を取り上げてもらった。同時に学の側からの後ろ盾も必要と思い、北九州市の商店街振興補助金システムの「商学連携商業活性化支援事業」を利用して、九州工業大学と連携して旧小倉ホテル跡地の活用の研究を始めた。「商学連携商業活性化支援事業」について言及すると、北九州市の産業経済局にこの補助金の申請をしたいとお願いしたところ、予算の項目としてはあるのに予算自体はついていない、補助金の申請があれば財政局と相談して予算獲得するという回答だった。これではまるで不動産業界における「おとり広告」でないかと苦情を言って、予算を獲得してもらった。民間側の意識改革のため、青木純氏、泉英明氏、嶋田洋平氏を招いて、公共空間活用に関するセミナーを3回にわたって開催した。「南池袋公園」という都心型公園を民間活力でもって開発した青木純氏のセミナーに感動を受けて、市職員、市議会議員にも視察に行ってもらい、旧小倉ホテル跡地の活用を民間側が行うことに成功した。実際には、小倉中央商業連合会（中商連）は任意団体なので責任がとりづらいということから、北九州市から北九州商工会議所に業務委託してもらい、私どものまちづくり会社である株式会社北九州家守舎が再委託を受け、管理運営することになった。民間所有地なので、指定管理の方式ではなく、特命方式で委託を受け、無料で８００㎡の広場を「船場広場」と名付けて管理運営している。北九州商工会議所に毎月２万円の広告費を払うことだけが条件で、キッチンカーを３〜４台並べて、魚町商店街と地元百貨店の井筒屋をつなぐ結節点である「船場広場」を活用して、小倉都心部の活性化とにぎわいづくりに貢献している。

こぼれ話

魚町地区再開発事業について

魚町三丁目2番地区の再開発事業が始まっている。令和2（2020）年8月、再開発準備組合が設立され、私も地権者の一人として参加した。魚町商店街振興組合の理事長なので、利益相反のおそれがあって理事長職につくことをせず、辻史郎さんという優秀な若者に理事長になってもらって、令和4（2022）年3月ないし11月の都市計画審議会による都市計画決定を目指している。竣工予定は、令和10（2028）年3月の竣工予定だ。計画敷地面積は、約2200㎡、1階から3階までは、商業床、4階から22階までは147戸のファミリー向けマンションだ。事業協力者も決定しており、再開発において必要とされる公益床をどのようにするか検討中だ。コンサルタントが入って、最初はシェアオフィスを提案してきた。現状北九州市内では、官民経営のシェアオフィスが数多くあり、今後も建築される予定であることからダメ出しして、次の案を考えてもらった。次に提案されたのが、リカレント教育の場だった。リカレント教育とは、「社会人の学び直しための教育」のことで、今後必要になるからというものだった。魚町三番街中屋ビルの地下にある「北九州まなびとESDステーション」と同じコンセプトで、シェアオフィスといい、リカレント教育の場といい、北九州市内の市場調査を行っているのか、東京からはやっているものをもってきただけではないのかと苦情を言って、コンサルタントの報酬を減額して、最後の案をもってきてくれと言った。どのような案が適切と思っているのかと聞かれたので、ＮＰＯ法人は集まれる場、会議できる場、郵便物を受け取れる場に困っているので、そのような場を作ればいいのではないのかと提案した。公共床のような場は、それぞれの時代の要請によって、その目的・用途が変わってくるのだから、作りこまない方がよい、収益を生まないので投資はできるだけ避けた方がよい、後で何にでも変更できるようにした方がよいと提案したが、事業協力者側はあまり理解ができなかったようだ。結局リスクの低い最終案として発表されたのは、医療モール案だった。医療モール案が一番リスクが高いよと答えたが、高松市の丸亀町商店街の実績をそのまま持ってきたものと思われる。丸亀町では、地元の香川大学と連携しているからできるので、プライドが高くわがままな医者を管理するのはリスクが高いといって過言ではないと思う。その後、大規模地主の離反があったりしているが、表裏技を駆使できる私と優秀な辻史郎理事長がコンビを組んでできない再開発はないと考えている。

こぼれ話

商店街活性化条例について

商店街アーケードなどの恩恵をうけていながら商店街組合に加盟しないフリーライダーの存在は、商店街関係者の間でよく話題になる。魚町商店街においてもこの問題は存在したが、魚町商店街振興組合の瀬口裕章前理事長の尽力により、福岡県内で初めて平成25（2013）年11月1日議員立法により「北九州市商店街の活性化に関する条例」が施行されたことにより、この問題は魚町商店街において消滅した。この条例の第6条に事業者の責務として、商店会への加入、アーケードの維持管理及び商店街活性化のための事業について応分の負担をするようつとめなければならないとして、努力目標として定められた。これにより、コンプライアンスを重視するナショナルチェーン店も含め、商店街組合へ加入することになった。ただし、努力目標にとどまったのは、組合法の規定で組合への加入は任意となっているからである。そして、組合法でなぜ、加入が任意かというと、独禁法第22条の規定を受けているからである。独禁法の改正はまったく容易ではないが、商店街振興組合は、その存する地区が登記事項に定められており、例え価格カルテルを締結しても他地区にはその効力は及ばないから、独禁法の適用除外としてほしいと思っている。

第4章

商店街に人を呼び戻すSDGs

1

商店街の新たなウリ「ＳＤＧｓ」とは？

ＳＤＧｓとは、「Sustainable Development Goals（持続可能な開発目標）」の略称であり、２０１５年に国連サミットで採択された17の目標と１６９のターゲット、２３２の指標から構成される。地球の限りある資源を有効に活用して、貧困・環境・教育などの諸問題の解決を通じて、子や孫の世代に美しい地球を残していこうとするものである。以下のような５つの特徴がある。

（１）普遍性：発展途上国のみならず先進国を含め、全ての国が行動

（２）包摂性：人間の安全保障の理念を反映し、誰一人取り残さない

（３）参画性：すべてのステークホルダーが役割を持つ

（４）統合性：社会・経済・環境に統合的に取り組む

（５）透明性：定期的にフォローアップする

そして、17のターゲットは次の表の通りである。

SDGsの17のターゲット

(1) **貧困をなくそう**：あらゆる場所で、あらゆる形態の貧困に終止符を打つ
(2) **飢餓をゼロに**：飢餓に終止符を打ち、食料の安定確保と栄養状態の改善を達成するとともに、持続可能な農業を達成する
(3) **すべての人に健康と福祉を**：あらゆる年齢のすべての人の健康的な生活を確保し福祉を推進する
(4) **質の高い教育をみんなに**：すべての人に包摂的かつ公平で質の高い教育を提供し、生涯学習の機会を促進する
(5) **ジェンダー平等を実現しよう**：ジェンダー平等を達成し、すべての女性と女児のエンパワーメントを図る
(6) **安全な水とトイレを世界中に**：すべての人に水と衛生へのアクセスと持続可能な管理を確保する
(7) **エネルギーをみんなに、そしてクリーンに**：すべての人に信頼でき、持続可能かつ近代的なエネルギーへのアクセスを確保する
(8) **働きがいも経済成長も**：すべての人のための持続的、包摂的かつ持続可能な経済成長、生産的な完全雇用および働きがいのある人間らしい仕事を提供する
(9) **産業と技術革新の基盤をつくろう**：強靭なインフラを整備し、包摂的で持続可能な産業化を推進するとともに、技術革新の拡大を図る
(10) **人や国の不平等をなくそう**：国内および国家間の格差を是正する
(11) **住み続けられるまちづくりを**：都市と人間の居住地を包摂的、安全、強靭かつ持続可能にする
(12) **つくる責任つかう責任**：持続可能な消費と生産のパターンを確保する
(13) **気候変動に具体的な対策を**：気候変動とその影響に立ち向かうため、緊急対策をとる
(14) **海の豊かさを守ろう**：海洋と海洋資源を持続可能な開発に向けて保全し、持続可能な形で利用する
(15) **陸の豊かさも守ろう**：陸上生態系の保護、回復および持続可能な利用の促進、森林の持続可能な管理、砂漠化への対処、土地劣化の阻止および逆転、ならびに生物多様性損失の阻止を図る
(16) **平和と公正をすべての人に**：持続可能な開発に向けて平和で包摂的な社会を推進し、すべての人に司法へのアクセスを提供するとともに、あらゆるレベルにおいて効果的で責任のある包摂的な制度を構築する
(17) **パートナーシップで目標を達成しよう**：持続可能な開発に向けて実施手段を強化し、グローバル・パートナーシップを活性化する

2

「ＳＤＧｓ商店街宣言」の大きな効果

魚町商店街は、北九州小倉のＪＲ小倉駅の直下にある南北約４００ｍ、約１６０店舗からなる広域型商店街である。２０１８年３月、北九州市がアジアで初めてＯＥＣＤからＳＤＧｓモデル都市に選定されたのを契機に北九州ＥＳＤ協議会と連動して、ＳＤＧｓ商店街を目指すべく宣言した。まず最初に行ったことは、今まで魚町商店街が行ってきたことを、ＳＤＧｓという視点からハイライト、体系化して、優先的課題の選別、今後取り組むべき目標を設定するということだった。

これまでも魚町商店街は、アーケードに透過性の太陽光パネルを設置し５kw／h発電してアーケードの電力として活用したり、解体・新築によらないリノベーションまちづくりを推進していたりした。アーケード内に寝ているホームレスの方も多かったことから、ＮＰＯ法人ホームレス自立支援機構（現：抱樸）と連携したホームレスの自立支援などにより、リーマンショック後の北九州市にホームレスの方は４００名以上いたが、現在では１００名をはるかに切っている。私自身は、「ホームレス自立支援法律家の会」に入って、数ヶ月に１度ホームレス自立支援センターでの相談会の相談員となっている。また、障害者差別解消法の施行を受けて、介助者の募集支援、商店主が車椅子で自らの店に入って買いにくさの解消を目指す重度障害者の自立支援などを行ってきた。私自身は、「特定非営利活動法人自立生活センターぶるーむ」の監事となり、24時間介護が必要な重度障害者の自立生活を手助けするために健常者の立場からアドバイスするとともに「北九州市障害者差別解消支援地域協議会」のメンバーとなって「障害を理由とする差別をなくし誰もが共に生きる北九州市づくりに関する条例」（通称：障害者差別解消条例）における障害のある人から配慮を求められた場合に、過度な負担とならない範囲で、社会的障害を取り除くための必要かつ適切な現状の変更または調整、いわゆる合理的配慮の具体的な運用について提言している。これらのことは、元々魚町商店街における先輩方が行ってきたことを引き継いだもので、それが魚町商店街という北九州市の中心市街地の商店街で生まれたものの務めだと思っているし、魚町商店街の社会的貢献の一環、一種の厚みだと思っている。

魚町商店街が今一番力を入れているのが、商店主が自らの知識やノウハウをお客様に無料でお教えする「得するまちのゼミナール（うおゼミ）」だ。「得するまちのゼミナール（うおゼミ）」は、平成25（2013）年11月から始めて、毎年6月と11月に開催し、令和4（2022）年6月で第18回を迎える。

魚町商店街のこれまでの取り組みを振り返り、SDGs的要素ををハイライト、体系化して、優先的政策課題を選別して、SDGsの17のテーマの内から今後取り組むべき目標を設定することにした。北九州ESD協議会と協業していることから、ESDの概念ある生涯教育、課題解決型授業を活かし、SDGsの17の目標の中から4「質の高い教育をみんなに」を通して11「住み続けられるまちづくりを」を最終課題にした。

まずは、SDGsの認知度を高め、市民の一人一人がSDGsに取り組めるように、SDGsの横断幕や懸垂幕をアーケード内に掲示し、視認性を高める工夫をした。毎月、SDGsに係るセミナー、イベントを開催することにより、SDGsの認知度を高める努力をしている。その結果、北九州市全体ではSDGsの認知度は20％だが、魚町商店街に来られる方の認知度は、令和元（2019）年は40％、令和2（2020）年は52％、令和3（2021）年は80％にもにアップした。また、魚町商店街がSDGsに取り組んでいることをPRする動画を作成し、第1回のSDGsクリエイティブアワードの最優秀賞を受賞した。市民に近い立場の商店街がSDGsに取り組むことで、市民に対してSDGsへの意欲を高め、誰一人取り残さないというSDGsの理念の達成に貢献していることから、第3回ジャパンSDGsアワードの最優秀賞である内閣総理大臣賞を受賞した。

第3回ジャパンSDGsアワードでの魚町商店街のSDGs事業への取組みの評価は以下の

通りである。

（1）普遍性：市民の生活の一部である商店街の変容は市民の変容へと繋がる。この実践例は、国際的ロールモデルになりうる。

（2）包摂性：誰もが利用しやすい商店街を目指し、ホームレスや障害者の支援を実施。多言語マップやＷｉ－Ｆｉの完備などアクセスを確保。

（3）参画型：イベントや起業・ＮＰＯ／ＮＧＯ・大学などと連携し企画・運営。他県の商店街との交流・連携や海外からの視察を受け入れ。

（4）統合性：教育を通して経済・社会・環境の統合を図るべく、環境や社会的包摂に配慮する人材を育むことに貢献。

（5）透明性と説明責任：商店街振興組合関係者間で意見を出し合い計画を策定。ポスターや新聞紙などによる情報周知・報告・発信を実施。

3

価格競争を避け、良質な顧客層の満足度を上げる各商店の取り組み

魚町商店街が、率先してＳＤＧｓに取り組むことにより、商店主自らの意識も変容し、いろいろなＳＤＧｓに商店主が取り組むようになった。

規格外野菜の販売でフードロスを削減

規格外野菜の販売でフードロスを削減

北九州市近郊の築上郡の農協からスピンアウトして農家作業支援、農機レンタルなどを行っているアルク農業サービスを魚町商店街に誘致。農協の流通に乗らない、大きかったり小さかったり、曲がっていたする規格外の野菜を農家から直接仕入れて販売する。フードロス削減や農家の収益向上に役立つとともに、通常の野菜と美味しさも新鮮さも変わらない野菜をお安く購入できるということで、商店街に来るお客様にも喜ばれている。

フェアトレードや賞味期限間近の食品の箱買い・小分け販売に取り組む

南米やアフリカの農園労働者を搾取するのではなく、通常の賃金を払っている農園からコーヒー豆やカカオ豆を販売するエシカル消費（賢い消費）を実践するお店。その他、賞味期限間近の食材を問屋さんから箱買いして、それをばらして個別にお安く販売してフードロス削減に強めている。

フェアトレードや賞味期限間近の食品の箱買い・小分け販売に取り組む

マクロビ・ビーガンの食品を販売

穀類や野菜を豚や牛に食べさせてそれを人間が食べるよりは、穀類や野菜を人間がそのまま食べた方がカロリー消費効率がいいことから、肉を使わないベジタリアン食を推進するお店。豚や牛のゲップから出るメタンガスなどの削減などにもつながっている。それ以外にもアトピーなどの防止の観点から農薬などを使わない自然食の推進などにも取り組んでいる。

プラスチックストローから紙ストローやガラスストローに

海に漂うプラステックストローがウミガメの鼻に刺さってい

る写真を目にして、プラスチックストローが地球環境に良くないことを理解し、ガラスストローやステンレスストローに変更した。高価だったり、洗いにくかったり、割れやすかったりするが、口あたりもよく、環境にやさしい店という評価にもつながり、コーヒーの味もストレートに味わえるなど、お客様の評判もよくなったお店。

出がらしのお茶専用のポン酢「お茶ぽん」を開発

ペットボトルでお茶を飲むようになり、急須にお茶っ葉をいれて飲む習慣がなくなったことを憂うお茶屋さんが、栄養価の高いお茶っ葉を美味しく食べられるようにお茶ポンを開発した。環境負荷の高いペットボトルの減量を実現するとともに、急須にお茶っ葉をいれて飲むという風習を復活させ、生ゴミの発生を抑制している。

ポン酢「お茶ぽん」

どんぐりを現金と同じように使える雑貨店

公園や茂みで拾ったドングリを水につけ、沈んだドングリを乾燥させ、ジブリグッズを販売するお店に持ってきてもらい、ドングリ通帳を発行して100ドングリになるとブナの苗をお客様に差し上げるという仕組み。広葉樹林の再生により、古来種の昆虫や小動物の復活を目指す。

エコバックの代わりに着物をリユースした風呂敷を勧める呉服屋

着物の糸をほどいて縫い直せば再生可能な衣料であることの意義を見直して、SDGsにつながる素材としてアピールしている。大判の風呂敷をエコバックの代わりになる何でも包める素材として、お客様にアピールしている。また、夏は涼しく冬は暖かいとして、日本の風土にあった着物のよさの再認識を勧めている。

4 SDGsの取組みで若い客層が増加

小倉は全国でも有数のタケノコの産地だが、放置竹林が20年で40%も増加し、土壌の保水力を弱め、河川、海に土壌が流れ込んでいる。環境保全の観点から、竹を活用して3万本の竹灯籠を制作して、小倉城に展示する「小倉城竹あかり」にも商店街は積極的に参加している。伐採した竹は、竹チップ・竹炭・竹パウダーなどに再利用して、「竹害から竹財を」をテーマに取り組んでいる。

それぞれの商店が、普段の商いの中でＳＤＧｓに取り組むことで、それぞれの商店主が地域の将来への問題意識を持ち、その解決のために「自分に何ができるか」と意識が変わりはじめている。

元々の魚町商店街の顧客は、中高年のご婦人が中心だったが、ＳＤＧｓに取り組むことで若い層のお客様が増えてきた。コロナ禍によって、消費者の消費性向も変わり、欲しいもの、必要なものしか買わなくなった。問屋さんから仕入れたものを店頭に並べているだけでは、売れない時代になってきた。意識の高い消費者は、商品に価値を見出せば、高いものでも購入してくれるようになった。いわゆる賢い消費といわれるエシカル消費の時代になってきたのだ。

ＳＤＧｓを身近に感じて、自分事として取り組んでほしい。地球温暖化の問題にしても、海抜が上がることによって沈んでしまうツバルやキリバスのような南の島の問題ではない。魚町商店街も海抜３ｍ程度にしかなく、地球温暖化で海水面が上昇してしまえば、海の中に沈んでしまう恐れもあるのだ。地球的課題・社会的課題を自分事としてとらえ、持続可能なまちづくりに市民とともに取り組んでいきたいと思っている。

現在、魚町商店街は、食料危機の時代に備えて、昆虫食の研究をしている。自ら昆虫食を食して、タンパク質源となる昆虫食を進めていきたい。東京農業大学と連携したクラウドファンディングを通じて、令和４（２０２２）年１月に魚町商店街に昆虫食自動販売機を設置した。

魚町商店街は、日本で初めて公道上にアーケードを建造して、２０２１年に70周年になる。魚町商店街の各個店にＳＤＧｓという世界共通の物差しで横串を挿し、目指す方向性を共通化するとともに、魚町商店街に来れば、ＳＤＧｓの理論から実践まで学べ、それが実際の商売につながるようにしていきたいと思う。もっとＳＤＧｓの広報活動に力を入れ、ＳＤＧｓ推進という社会貢献活動に取り組んでいる魚町商店街で商品を購入することがＳＤＧｓになり、社会貢献にもつながるというシステムの構築を成し遂げたい。また、顔の見えるその商店主から買いたいと思わせ、それが賢い消費といわれるエシカル消費につながればと願っている。

魚町商店街に設置された昆虫食自動販売機

ＳＤＧｓという取り組みは、お客よし、お店よし、世間よしという近江商人のいう三方よしにつながるものだと思うし、持続可能な社会の実現と地域商店街再生は、同じ方向性・ベクトル上にあるものと信じている。社会的課題・地球的規模の課題の解決を目指して商店街の持つスキルやリソースを用いる。ＳＤＧｓに取り組むべきだが何をすればいいかよく分からないという意見をよく聞くが、例えば、自分が飲むペットボトルの再生や生ごみ処理の問題など、自らの50センチ以内の社会的課題から取り組み始めるべきなのである。

こぼれ話　後継者について

魚町商店街に視察に来られ、今まで私自身が行ってきた事業を説明した場合、うちの商店街にそんな人はいないと言われるケースがままある。いないならあなたがなるしかないと答えると返答はほぼない。また、話が盛りだくさんで頭を整理するのが大変だと言われるのはいい方で、本当に自分一人でやってきたのかとか、あなたのやってきたことは別として後継者はいるのかと聞かれることがままある。おっしゃる通り、私が中心となってそれぞれ仲間を集めやってきたのは間違いない。私には子どもがいないので、私の店や事務所に後継者はいない。同じく、商店街には後継と目されている人はいるが、私と同じことができるとは思ってはいない。後継者育成については、全く考えていないし、考える必要もないと思っている。理事長の立場に立ったときに、血の汗を流せばいいと思っているのだ。私が名人というつもりはまったくないが、落語の「浜野矩随」のように名人に2代なしの例外かもしれない。後生畏るべし、私が気にすることでもない。私の実家では、私が長男であったから子どもの頃から後継者に決まっていたが、私の父は私を後継者として育てようという気はそんなにはなかったと思う。私の進学にも就職にも興味がなかった。東京の国立大学に推薦で進学が決まりそうだったのを、男は勝負しなければならない、受験しなければならないと主張してみたり、就職にも何ら関心がなく、私もボオーっとしていたので、他の会社に修行に行くこともせず、中屋興産株式会社にそのまま就職し、士業の受験勉強を始めてしまった。父は毎日飲みに行くばかりで、商店街活動など全くせず、商売にも熱心であるとは言えなかった。バブル時代には、詐欺事件に巻き込まれるなどして大変な目にあった。私の方がはるかに優秀であると思えたので、父をビルの屋上に呼び出し、俺と社長を交代しろとボディーにパンチを入れた。父は、商売人としてそんなに能力があったわけではないが、何事にも突っ込んでいく能力、恥だと思われるようなことでも営業していくバイタリティ能力だけは認めざるをえないので、今でもそれは学ぶべき点だと思って行動している。

第5章

商店街が生き残るために

1

商店街の存在意義を見つめ直す

商店街は2030年代まで、生き残ることはできるのか。当たり前のことだが、生き残る商店街は生き残るし、滅ぶべき商店街は滅びてしまう。私は、商店街と紙の新聞の社会的構造はよく似ていると思う。数量経済学者の高橋洋一さんの著書『高橋洋一式デジタル仕事術』（かや書房）によると、新聞発行部数がこのままの推移で減少していけば、減少に加速度がついて2031年に新聞発行部数はゼロになるという。輪転機を使った大量印刷技術、販売店による宅配システムは、すでにネットの時代においては時代遅れになっている。払い下げにより所有する土地や市場性を排除する日刊新聞紙法によって守られている新聞社の存在は、商店街の存在を想起させる。新聞紙と同様商店街の顧客は中高年以上の方だし、新聞社は残紙、商店街は補助金という生命維持装置によって命を長らえている。ネット時代に乗り遅れているのも同様だ。紙の新聞が2031年に滅びるとすれば、新聞の掲載料にその収入の大半を依存している日本文化の象徴でもある囲碁・将棋も安泰ではいられまい。新聞が支えている文化、ニュースを取材し、配信する記者の存在はなくてはならないものだ。商店街も存在意義（レゾンデートル）を究極まで見つめつつ前に進むほかないと思っている。

2

イオンにない新しい価値を提供する

商店街は2030年まで生き残ることが可能なのか？　さらにこの本の命題について述べてみたいと思う。

行き過ぎた株主資本主義において、レバレッジを利かすことのできる金融の分野の成長率はGDPの成長率を上回り、低成長時代においては所得格差が生じる。一般に小規模商人は、自らの肉体をもって働くことでしか、仕入れと売価の差額の利益を生み出すことができない。社会的課題を自らの課題と捉え、どんな価値を人と社会に提供するかが商店街においても問われていると思う。エシカル消費とかSDGsに代表されるような新しい価値観を消費者に提供することでしか生き残れないと思っている。

問屋さんから仕入れた商品を店頭に並べて、通行客に販売する。POPやA看板を店頭に飾ってアイキャッチする、マーケティングやマーチャンダイジングを勉強する、そんなことでは商店街は立ち直れない。高度成長期は、問屋さんの言う通り（少しだけ自分の意見を言って）商品を仕入れたり、交渉して値段をマケさせたりするだけで商売ができた。問屋さんのお追従で小規模商人はバカになり、考えなくなり、売れない時代になると問屋さんからそっぽを向かれ、高い値段でしか仕入れられなくなり、郊外型スーパーのせいにしたり、行政を恨んだり、無理を言ったりする。そんなこんなで、「既得権益を守るための圧力団体」と言われたりする。

専門店の集まりだった商店街の特徴である、「老舗」「接客」「品揃え」はまったく価値がなくなった。「昔からやっている」といったところで、現代に生きる顧客に何の意味があるのか。接客はそもそもデパートやホテルにかなわないし、品揃え（商品知識）は、Amazonにかなうはずもない。イオンにやれないことをやらなくてはダメだ。イオンは、株式上場会社で、株主資本主義で、株主の利益を最大にすることを基本的に求められている。商店街は、商店主のみでなく従業員、取引先会社、地域社会、地球環境などすべての利害関係者に配慮したステークホルダー資本主義であるべきだ。何度も言うがイオンで起業する人はいない。商店街は、商売をやりたい人、商売しかできない人が自然発生的に集まってできた地域共同体だ。その役割を取り戻すべきだ。魚町商店街は、リノベーションまちづくり、公共空間エリアマネジメント、ＳＤＧｓ商店街と日本で初めての取組みを行い、先行者、創業者利益を獲得してきた。今後も

「先進的な取組みで、地域経済課題、地球規模の環境課題の解決に向けて、来街者の利便性を高め、消費者の意識を改革し、地域コミュニティを再生させ、エリアの価値を向上させる」ことに向き合っていきたい。

おわりに

私は、魚町商店街の金物屋・電気屋の長男として生まれ、昭和40年代の商店街の繁栄期の終わりを知っている。そしてその後、次第に衰退していく商店街で育ってきた。昭和50年代初頭には、魚町商店街でも大きかった家業の金物屋・電気店は閉店した。中屋興産株式会社は、5階建てのビルの魚町三番街中屋ビルを建築して、貸ビル業・不動産仲介業に進出した。

忙しかった不動産バブルも終わり、新たに始めたゲームセンターも一気に下火になって閉店することになった。私は、平成12（２０００）年ようやく10年かかって司法書士試験に合格した。私の30歳代は、司法書士試験の勉強に費やされたといっても過言ではない。

司法書士登録後、すぐに福岡県青年司法書士協議会に加入して、青年会活動を通じて消費者保護などのパブリックマインドを叩き込まれ、反貧困活動、ホームレス自立支援、出資法のグレーゾーンをめぐる消費者保護活動などの司法書士プロボノ活動にもまい進した。司法書士会北九州支部の社会事業部長、消費者対策委員長となってからは、司法書士総合センターの立ち上げ、地元弁護士会の精鋭を相手に北九州法テラスの立ち上げなどにかかわってきた。その結果、「ヤミの北九州方式」と呼ばれた生活保護の水際対策は無くなり、利息制限法が改正され、出資法のグレーゾーンも無くなった。

そうやく司法書士プロボノ活動が一段落して、地元魚町商店街はと見れば、北九州市が福岡市との都市間競争に負け、大企業の支店・営業所などが次々と福岡市に移転し、オフィスビルには空きテナントが増え、魚町商店街の歩行者通行量は目立って減り、空き店舗が目立つようになり、シャッター通り化しつつあった。

私は、北九州市小倉都心部中心市街地活性化協議会や小倉家守構想検討委員会のメンバーに選ばれ、小倉都心部の活性化・にぎわいづくりに取り組むようになり、リノベーションスクール@北九州を核とするリノベーションまちづくり、公道・広場を活用したエリアマネジメント事業、ＳＤＧｓ商店街宣言と次々と日本で初めての事業に取り組んできた。

魚町商店街は、日本で初めて公道上にアーケードを建設した、銀天街という名の商店街の発祥の地であり、誰もやったことのないことにチャレンジする先進性をもった商店街だ。先代・先々代のＤＮＡを受け継ぎ、これからも、ファーストペンギンとして、先行者利益・創業者利益を追い求めるとともに、社会的課題をＳＤＧｓという手法・手段で解決するという社会貢献活動にも取り組んでいきたいと思っている。

〈著者略歴〉

梯 輝元（かけはし　てるもと）

中屋興産株式会社代表取締役／魚町商店街振興組合理事長／魚町サンロード商店街協同組合理事長／魚町一丁目商店街振興組合副理事長／福岡県商店街振興組合連合会理事長／北九州リノベーションまちづくり推進協議会会長／株式会社タウンマネジメント魚町取締役／司法書士、行政書士、宅地建物取引士。

1959年北九州市小倉北区生まれ。1982年3月熊本大学法文学部卒業、同年4月中屋興産株式会社入社、1994年8月中屋興産株式会社代表取締役就任。2000年5月司法書士・行政書士登録。2001年10月魚町サンロード商店街協同組合理事長就任。2010年4月株式会社タウンマネジメント魚町代表取締役就任。2010年11月～2012年11月魚町一丁目商店街振興組合理事長。2012年11月魚町商店街振興組合理事長就任。2019年6月福岡県商店街振興組合連合会理事長就任。

滅びない商店街のつくりかた
リノベーションまちづくり・エリアマネジメント・SDGs

2022年6月5日　第1版第1刷発行

著者　梯　輝元

発行者　井口夏実
発行所　株式会社学芸出版社
京都市下京区木津屋橋通西洞院東入
電話075-343-0811　〒600-8216
http://www.gakugei-pub.jp
info@gakugei-pub.jp
編集担当　岩﨑健一郎

DTP　梁川智子
装丁　中川未子（紙とえんぴつ舎）
印刷　イチダ写真製版
製本　山崎紙工

ISBN978-4-7615-2819-5